キャラで学ぶ 友だち日本語

酒井彩・髙木祐輔・川鍋智子・斉藤信浩 [著]

くろしお出版

はじめに

　日本語学校や大学で日本語を教えていると、「日本人の友だちができない」「日本語で友だちと雑談をすると、丁寧になりすぎてしまう」「日本人の友だちが話す日本語と自分の話す日本語がどこか違う」という日本語学習者の声をよく聞きます。そこで、友だちと話せて、友だちと仲良くできる、現実社会にいそうなキャラクターが登場する日本語の会話教材を作成することにしました。

　本書では、友だちと会話をするときの日本語、「友だち日本語」を学びます。ですます調の丁寧な日本語を「ですますことば」、友だちと話すカジュアルな日本語を「友だちことば」と呼びます。本書に登場するキャラクターは大学生ですが、「友だちことば」は10代から20代の若者だけではなく、20代以降の大人でも、友だちと会話をするときに使います。

　本書で勉強することで、決まりきった「友だちことば」だけではなく、キャラクターの個性に合った「友だちことば」を学ぶことができます。登場する6名の中から好きなキャラクターを選び、彼らになりきって練習することができます。キャラクターになりきることで、ロールプレイが苦手な学習者や慣れていない学習者も、心理的な負担が少なくなり、楽しく学べます。

　なお、本書で使用する語彙や表現は、JLPT（日本語能力試験）N3相当終了〜N2相当が中心です。本書はコミュニケーションを目的とした教材のため、N3相当終了以上であれば、中級レベルでも上級レベルでも楽しみながら使うことができます。

> **! この本でこれができます**
> ① 男女6名の個性的なキャラクターの中から好きなキャラクターを選び、話し方が学べる。
> ② キーフレーズを覚えれば、自然に楽しく話せる。
> ③ モデル会話とフローチャートで、リアルな会話が再現できる。
> ④ 「友だちことば」を中心に説明した「表現ノート」、翻訳もあるから、一人で学べる。

　モデル会話の内容やドリルなどは、お茶の水女子大学の日本語演習の受講者である外国人留学生と、それに協力してくれた日本人学部生とのやり取りを通じて洗練されたものです。知人、友人を含め、協力してくださったすべての方々に深く御礼を申し上げます。

　本書で勉強することが、日本語を使用した友人関係の構築、深まりにつながれば幸いです。

執筆者代表
酒井彩

キャラで学ぶ友だち日本語 | 目次

はじめに …… i
本書（ほんしょ）の構成（こうせい） …… iv
この本（ほん）を使（つか）って自分（じぶん）で勉強（べんきょう）する方（かた）へ …… vi
How to Use This Book for Independent Study …… viii
给用这本教科书自学的你 …… x
本書を使って教える方へ …… xii
本書（ほんしょ）の登場人物（とうじょうじんぶつ） …… xv

LESSON 1
あっ、花（はな）ちゃん、お疲（つか）れー。 …… 1
▶ 友（とも）だちを見（み）かけたときに話（はな）しかける

LESSON 2
俺（おれ）、そろそろ行（い）かなきゃだから。また今度（こんど）な？ …… 17
▶ 相手（あいて）が嫌（いや）な気持（きも）ちにならないように断（ことわ）る

LESSON 3
えっと、タメ語（ご）でもいいっすか？ …… 27
▶「ですますことば」から「友（とも）だちことば」に変（か）えて話（はな）していいか確認（かくにん）する

LESSON 4
やっぱヨーロッパのチーズが一番（いちばん）だよな！ …… 43
▶ 自分（じぶん）のおすすめをアピールする

LESSON 5
あの…、もしよかったら、ランチ付（つ）き合（あ）ってもらえるとうれしいんだけど…。 …… 55
▶ 控（ひか）えめに食事（しょくじ）に誘（さそ）う

LESSON 6
キング君（くん）って陸上部（りくじょうぶ）に入（はい）ってて、期待（きたい）の星（ほし）って呼（よ）ばれてたらしいよ。 …… 69
▶ うわさ話（ばなし）をする

LESSON 7	できたら、いろんな国の人と働きてえんだけど。…… 81
	▶将来の希望を控えめに言う

LESSON 8	でも、なんで急にそんな展開になったんだよ？…… 91
	▶出来事の進展について質問する

LESSON 9	なんか元気ねえな。…… 103
	▶悩みを聞き出す

LESSON 10	見た目だと、どんな感じ？…… 113
	▶好みのタイプの外見や性格について質問する

LESSON 11	講談っていっても何っていう感じだよね？…… 123
	▶相手が知らないことに興味を持たせる

Column

一人称「私」の言い方 …… 16

終助詞（ね、よ、な）…… 26

男ことば―キング君の話し方 …… 41

友だちことばで使うい形容詞の短縮形 …… 53

ギャル子の話し方 …… 67

ヤマダ先輩の話し方 …… 79

タロー君の話し方 …… 89

友だちことばの文法 …… 101

花ちゃん・桜さんの話し方 …… 112

あいづち …… 122

語順 …… 133

教師用巻末資料 …… 135

　ロールプレイのヒント …… 136

　学習項目一覧 …… 138

　参考文献 …… 141

本書の構成

各Lessonは、「これができる」「ウォームアップ」「キーフレーズ」「友だちことばにしよう」「真似して言ってみよう」「ドリル」「フローチャート」「ロールプレイ」「ワークシート」「表現ノート」「コラム」から構成されています。

❗ これができる

各Lessonでできるようになることが書かれています。「これができる」の内容は「キーフレーズ」「ロールプレイ」の内容にも対応しています。

❓ ウォームアップ

各Lessonのテーマに沿った質問があります。授業の導入に使います。

⚡ キーフレーズ

各Lessonの中で、これさえ覚えればいいというフレーズを集めました。「モデル会話」では、キーフレーズが網掛けされています。また、各表現の横にあるアイコンは、それぞれどのキャラクターがよく使う表現かを表しています。

花ちゃん	タロー君	ギャル子	キング君	桜さん	ヤマダ先輩	全員

💬 友だちことばにしよう

Lesson 5までにあります。「モデル会話」にある「ですますことば」を「友だちことば」に変える練習をします。

💬 真似して言ってみよう

「モデル会話」が各Lessonに2つ以上あります。「モデル会話」の内容はすべて同じで、キャラクター（話し手）が異なります。タロー君、花ちゃん、桜さんによる「モデル会話」が基本型です。各「モデル会話」の音声をダウンロードして、練習に活用できます。

🔊 ドリル

「モデル会話」の下線部分を入れ替えて、練習をします。どの「モデル会話」でも練習でき

るように、一部を除き、会話の内容は同じです。

→ フローチャート

「真似して言ってみよう」の最初に出てくる「モデル会話」の流れを示したものです。「ロールプレイ」をするときに使うこともできます。

ロールプレイ

ロールプレイカードA、またはBを見て、まとめの練習をします。慣れるまでは「フローチャート」を見ながら、ロールプレイをします。

ワークシート

Lesson 5までにあります。慣れるまではワークシートに一度書いてから、「ロールプレイ」をします。

表現ノート

N3相当終了以上の表現について解説しています。辞書に載っていない表現を中心に載せています。

Column (コラム)

「友だちことば」を使うときに役立つポイントが書いてあります。

この本を使って自分で勉強する方へ

あなたが友だちと話すためのことばを勉強したいと思ったのは、どうしてですか。「日本語を話す友だちともっと仲良くなりたい」「日本のアニメのキャラクターやバラエティー番組のタレントのように話してみたい」など理由はいろいろあるでしょう。

この本で勉強する日本語は、友だちと話すための日本語、「友だち日本語」です。ただし、初めて会った人や年上の人と話すときは、注意が必要です。初めて会った人とは、まず「ですますことば」を使って話し、少しずつ「友だちことば」で話せる関係になりましょう。

この本は、教室で先生やクラスメートと一緒に勉強することもできます。もちろん音声を聞きながら、一人で勉強することもできます。ここでは、一人で勉強するときの方法について紹介します。

各 Lesson の最後に、「コラム」があります。「友だちことば」をあまり知らないときや慣れていないときは、まず、「コラム」を読んで、「〜てしまいました」→「〜ちゃった」などの縮約形、「友だちことば」を話すときの語順などのルールを勉強しましょう。

Lesson 5 までは、「友だちことばにしよう」「ワークシート」があり、簡単な表現も多いです。「友だちことば」に慣れていないときは Lesson 1 から順番に練習することをおすすめします。

● 練習の仕方

活動	内容・ねらい
これができる	・各 Lesson で何を勉強するか確認しましょう。
ウォームアップ	・質問の答えを自分で考えてみましょう。 ・周りに日本語を話す知り合いがいるときは、その人がどのように考えるか聞いてみましょう。
キーフレーズ	・覚えたら、役立つフレーズです。 ・最後にフローチャートを見ながら練習するときや、ロールプレイのときまでに覚えましょう。
友だちことばにしよう	・「ですますことば」を「友だちことば」に変える練習をします。回答例は、Web サイトよりダウンロードできます。回答例と同じフレーズが「真似して言ってみよう」とモデル会話の中にもありますから、探してみてください。
真似して言ってみよう	・ダウンロードした音声を聞いて、それぞれのキャラクターになりきって練習をしましょう。 ・モデル会話の中のわからない語彙や表現は、ページの下にある翻訳や、各 Lesson にある「表現ノート」を見て、使い方を確認してください。

ドリル	・モデル会話の下線部分を入れ替えて、それぞれのキャラクターになりきって練習をしましょう。
ロールプレイ	・ロールプレイカードA、またはBを見て、好きなキャラクターになりきって練習しましょう。 ・慣れるまでは「フローチャート」を見ながら、「キーフレーズ」が言えるように練習したり、「ワークシート」に一度会話を書いてから実際に話す練習をしましょう。

◉ **音声ダウンロード**

🔊 no.00 は、音声ファイルの番号を示しています。音声は、すべて <http://www.9640.jp/books_808/> もしくは右記QRコードよりダウンロードが可能です。

How to Use This Book for Independent Study

Why do you want to learn new Japanese phrases? Maybe you want to be closer to your Japanese friends. Maybe you want to speak like a Japanese anime character or a celebrity on entertainment TV shows.

In this book, you will study *Tomodachi Nihongo* - the Japanese people speak with their friends. However, you need to be careful when you talk to someone you are meeting for the first time or someone older than you. In such cases, you would start out with the polite form (「ですますことば」). Gradually, you may be able to transition to Tomodachi Nihongo.

You can use this book in the classroom with teachers and classmates. You can also listen to the audio files and study by yourself. Here are some tips for studying by yourself.

At the end of each lesson, you will find a bonus section with useful information on grammar for casual speech, such as the shortened form (「～てしまいました」→「～ちゃった」). If you are not familiar with this type of speech, you can first look here first.

Up until Lesson 5, there will be 「友だちことばにしよう」 and 「ワークシート」, as well as many easy expressions. If you are new to casual speech for friends, you should start from Lesson 1.

● **How to Study**

Activity	Content
これができる You Will Be Able To	・Find out what the goals are in each lesson.

Activity	Content
ウォームアップ Warm-up	・Think about your answers to the questions. ・If you have friends who speak Japanese, ask them the questions.

Activity	Content
キーフレーズ Key Phrases	・Phrases that are useful to know. ・They should be memorized before you get to the flow chart and role play activities in each lesson.

Activity	Content
友だちことばにしよう Let's Use Casual Speech for Friends	・You can practice transforming the polite form (「ですますことば」) into casual speech for friends. The answers can be downloaded from the website. The same phrases are used in the section Let's Be the Characters (「真似して言ってみよう」) and the Model Conversation.

真似(まね)して言(い)ってみよう Let's Be the Characters	・Download the audio files and practice the conversation by playing the different characters. ・If you are not sure of the words or phrases, you can take a look at the translations at the bottom of the page or the Notes on Usage in each lesson.

⬇

ドリル Drills	・Replace the underlined phrases in the Model Conversations and try playing the different characters.

⬇

ロールプレイ Role Play	・Choose Role Play Card A or B, and practice being one of the characters. ・You can look at the Flow Chart and practice using the Key Phrases, or write out the conversation on the worksheet before you do the Role Play.

● Audio Download

🔊 no.00 refers to the number of the audio file. All audio files can be downloaded from <http://www.9640.jp/books_808/> or the QR code on the right.

给用这本教科书自学的你

为什么你想学习能用来跟朋友聊天的词语呢？理由应该很多吧，比如"增进跟说日语的朋友之间的感情"、"希望像日本动漫角色或综艺节目里的艺人那样说话"等等。

在这本教科书里学习到的日语，都是用来跟朋友聊天的"同辈间的日语"。用这些词语跟初次见面者或长辈说话时得注意。跟初次见面的人说话，还是先用"ですます体"，然后再慢慢转变成能用"日常同辈用语"的关系吧。

你能在教室里跟老师或同学一起用这本书学习，当然也能听音声档自学。在这里，我介绍个人学习的方法。

各课最后有"专栏"。在你还不太了解或习惯"日常同辈用语"时，先读"专栏"，学习"～てしまいました"→"～ちゃった"等的缩约形或用"日常同辈用语"的语顺等规则吧。

到第5课为止都有"日常同辈用语替换练习"和"综合练习"，也有许多简单的表现。在还不熟悉"日常同辈用语"时，先从第1课按照顺序进行练习吧。

◉ 练习方法

活动	内容・目标
これができる 完成项目	・确认在各课里的学习内容。
↓	
ウォームアップ 热身运动	・自己思考问题的答案。 ・周遭有说日语的朋友时，就问问他们怎么想的吧。
↓	
キーフレーズ 关键句	・背了会对你很有帮助的句子。 ・最后看着流程图练习或进行角色扮演之前，好好记住这些句子。
↓	
友だちことばにしよう "日常同辈用语" 替换练习	・练习把"ですます体"变成"日常同辈用语"。解答范例能从给网页下载。 ・在"模仿练习"和范例会话中也有跟解答范例相同的句子，找找看吧。
↓	
真似して言ってみよう 模仿练习	・听下载的音声档，练习到跟每个角色一模一样。 ・出现在范例会话里那些还不知道的词汇或表现的使用方法，都能在每页下方的翻译或各课的"表现笔记"里查到。
↓	
ドリル 练习问题	・替换范例会话的划线部分，练习到跟每个角色一模一样。
↓	

ロールプレイ 角色扮演	・看角色扮演卡 A 或 B 的内容后，练习到跟每个你喜欢的角色一模一样。 ・在习惯之前，先看"流程图"练习能说"关键句"，在"综合练习"里把会话写一遍后再进行实际对话练习。

◉ **下载音声档**

🔊 no.00 为音声档号码。所有录音都能从 <http://www.9640.jp/books_808/> 或右侧的二维码下载。

本書を使って教える方へ

　基本的には、「本書の構成」で示した順番にしたがって授業を進めることを想定しています。N3相当終了レベル以上を学習者として設定し、作成していますが、その前後のレベルでも使用できます。

　キャラクターの中で、花ちゃん、タロー君、桜さんは、ごく一般的な「友だちことば」を使います。彼（女）らが話す「友だちことば」を理解し、すらすらと話せるようになることで、学習者は友だちと日本語で楽しくコミュニケーションができるようになるでしょう。

　ギャル子、キング君、ヤマダ先輩が使う言葉は、練習させたり覚えさせたりするのに抵抗がある方もいるかもしれません。しかし、彼（女）らの「友だちことば」は、まず聞いて理解できるようになることが重要で、それを使うかどうかは学習者の選択次第です。

◉本書を使用した指導例

　該当Lessonのモデル会話が1種類の場合の授業時間は、60分～90分を想定しています。モデル会話が2種類の場合の授業時間は、120分～180分を想定しています。ただし、該当Lessonにモデル会話が2種類あってもどちらか片方を選択すれば、60分～90分の授業で使用できます。授業時間は、モデル会話の選択によって比較的自由に調整できます。

　以下は、Lesson 1を1コマ90分で行う場合の授業例です。

時間	活動	指導内容	ヒント
10分	Lesson1の扉	・扉の絵を見せ、何をしているところか学習者に尋ねます。「友だちことば」はどのような場面で使用するか、どのような関係性で使用するか質問をして、「友だちことば」の使用場面や注意点などについて話し合います。 ・この活動はペア、またはグループで行い、まとめとしてクラス全体で共有します。	・この段階で「友だちことば」を使用する場合は、「僕」「俺」などの一人称を使用することを説明します。コラムを用いてもいいでしょう。 ・日本人学生等を教室にゲストとして招くことができる場合は、実際にどのように「友だちことば」を使用しているか、学習者と話し合わせます。
2分	これができる	・このLessonでできるようになることを確認します。	
10分	ウォームアップ	・その日の授業の内容に興味を持たせる導入、雰囲気作りとして行います。 ・この活動はペア、またはグループで行い、まとめとしてクラス全体で共有します。	・各ページの下部にある翻訳を使用し、語彙を導入した上でウォームアップに入ることもできます。 ・学習者が活動をしているときに使っている表現や言いたそうな表現を板書して、まとめとして提示してもいいでしょう。

5分	キーフレーズ	・ロールプレイをするときに学習者が覚えていると、役立つ表現を集めました。 ・ロールプレイをする前にこのLessonに出てきたキーフレーズの発音や意味を確認します。	・「友だちことばにしよう」の後で、「キーフレーズ」の意味を確認して「真似して言ってみよう」に入るという使い方もできます。その場合は、滑らかに言えるように、機械的に発音やイントネーションの練習をしてもいいでしょう。
10分	友だちことばにしよう	・「友だちことば」に慣れるまでは、「ですますことば」を「友だちことば」に書き換える練習をします。 ・ダウンロードした回答例で確認をします。	・Lesson 2以降の場合、学習者が慣れてきたら「モデル会話」の中から解答を探させるのもいいでしょう。 ・「キーフレーズ」と対応しているため、それを用いて解答を確認することもできます。
25分	真似して言ってみよう 表現ノート	・教師の後に続いて、または音声に続いて発音する練習をします。拍、イントネーション、アクセント、感情の強弱、間などを意識させます。 ・意味のわからない語彙や表現をページ下の翻訳、「表現ノート」も参考にして、説明します。 ・そのまま棒読みをしないように注意を促し、ペアで練習させます。 ・「モデル会話」は1レッスンにつき、複数あるので、学習者の日本語レベルや授業時間に応じて、ピックアップします。	・学習者が慣れてきたときやレベルによっては、「モデル会話」同士を比べて違うところに線を引いて、その特徴を話し合ってみると、キャラクターの違いがわかります。 ・小道具などを用いて演じるのもおもしろいです。 ・「モデル会話」をピックアップするときは、学習者がモデルにしやすいキャラクターが登場する会話を選ぶようにします。たとえば、女子大学の授業の場合は、花ちゃんと桜さんが登場する会話を選びます。
10分	ドリル	・「モデル会話」の下線部分を入れ替えて、キャラクターになりきって練習をします。	・どの「モデル会話」を使っても対応するように、ドリルは作られています。
3分	フローチャート	・「モデル会話」の流れを図式化したものです。「ロールプレイ」の前に会話の流れを確認し、学習者自身に会話の流れを把握させるようにします。	

15分	ロールプレイ ワークシート	・ロールプレイカードを読ませ、役割を理解させます。 ・ペアでA、またはBの役割を交代しながら、好きなキャラクターになりきって練習させます。 ・最後に数組、発表させます。	・Lesson 5まではワークシートがついています。うまく会話を展開できないようなら、「フローチャート」に当てはめて流れを作るように指示します。 ・レベルによっては「フローチャート」だけを見て会話を作るのが難しい場合があります。そのときはワークシートの下線部分を空白にして会話を作り、演じるということもできます。

●本書を使用した評価

会話の授業で悩むのが、評価の仕方です。たとえば、以下の2つの方法を併用して評価をします。

1つ目は、「ですますことば」で書かれたモデル会話を「友だちことば」にするという筆記試験です。文法（「〜てしまいました」→「〜ちゃった」など）や助詞の使い方、言葉の使い方（「私の家」→「ぼくんち」など）が正しいかどうかという観点から評価をします。

2つ目は、今まで勉強したロールプレイの中のトピックからどれでも好きなものを選び、ペアで会話を作り、試験当日にクラスで披露するというものです。その際には声の大きさや速さ、視線、ボディーランゲージ、表情、感情の込め方、パフォーマンスのおもしろさなどから評価をします。

本書の登場人物

全員、私立大学の学生
All students at a private university
每位、都是私立大学的学生

【花ちゃん】 Hana/ 小花

- 埼玉県出身
- 文学部1年生
- 一生懸命、安定志向
- オムライス、チョコレートが好き
- 趣味は、カフェ巡り、買い物
- カフェでアルバイトをしている
- かわいいものが好きで、両親と妹と実家で暮らしている

- from Saitama
- first year student in the literature department
- hard worker, conservative
- likes omelette filled with rice, and likes chocolate
- likes visiting cafés and shopping
- works at a café
- likes cute things, and lives with her parents and younger sister

- 埼玉县人
- 文学院一年级的学生
- 凡事努力、追求安定的生活
- 喜欢蛋包饭、巧克力
- 爱好是喝遍各家咖啡馆、购物
- 在咖啡馆打工
- 喜欢可爱的东西，跟双亲和妹妹住在老家

【タロー君】 Taro/ 太郎

- 千葉県出身
- 経営学部1年生
- 優しい、優柔不断
- ラーメン、ヨーグルトが好き
- 趣味は、サッカー、映画、買い物
- ラーメン屋でアルバイトをしている
- 年上に好かれ、誰とでもすぐ仲良くなれる
- 妹がいる

- from Chiba
- first year student in the business administration department
- kind, indecisive
- likes ramen and yogurt
- likes soccer, movies, and shopping
- works at a ramen shop
- liked by people older than himself, can makes friends with anyone quickly
- has a younger sister

- 千叶县人
- 经营系一年级的学生
- 温柔男子、优柔寡断
- 喜欢拉面、酸奶
- 爱好是足球、电影、购物
- 在拉面店打工
- 有长辈缘、很快就能跟人打成一片
- 有妹妹

本書の登場人物

【ギャル子】 Gyaruko/ 小辣妹

- 東京都郊外出身
- 文学部1年生
- 明るくて、誰とでもすぐ仲良くなれる
- ラーメンが好き
- 趣味は、美容、旅行
- ラーメン屋でアルバイトをしている
- ネイルとつけまつげが欠かせない

・lives in the suburbs of Tokyo
・first year student in the literature department
・cheerful, and can make friends with anyone quickly
・likes ramen
・likes cosmetics and traveling
・works at a ramen shop
・nail art and eyelash extensions are a must

・住东京郊区
・文学院一年级的学生
・个性开朗、很快就能跟人打成一片
・喜欢拉面
・爱好是美容、旅行
・在拉面店打工
・美甲和美睫是必备条件

【キング君】 King/ 小金

- 東京都出身
- 経営学部1年生
- やや強引、俺様系
- ハンバーグ、すしが好き
- 趣味は、バイク、音楽鑑賞
- 家庭教師のアルバイトをしている
- 夏はサーフィン、冬はスノーボードをしている
- 兄と妹がいる

・from Tokyo
・first year student in the business administration department
・somewhat aggressive, self-centered
・likes hamburger steak and sushi
・likes motorbikes and listening to music
・works as a tutor
・surfs in the summer and snowboards in the winter
・has an older brother and a younger sister

・东京人
・经营系一年级的学生
・个性稍强势、霸道总裁型
・喜欢汉堡牛肉饼、寿司
・爱好是骑摩托车、听音乐
・当家庭教师
・夏天冲浪、冬天玩滑雪板
・有哥哥和妹妹

【桜さん】 Sakura/ 小櫻

- 福岡県出身
- 文学部1年生
- しっかり者、プライド高め
- 焼肉が好き
- 趣味は、音楽鑑賞、読書、旅行
- カフェでアルバイトをしている
- デートでチェーン店に行くのは不服

・from Fukuoka
・first year student in the literature department
・responsible, has a lot of pride
・likes yakiniku (Japanese BBQ)
・likes listening to music, reading, and traveling
・works at a café
・doesn't like eating at restaurant chains

・福冈县人
・文学院一年级的学生
・做事可靠、自尊心强
・喜欢烤肉
・爱好是听音乐、阅读、旅行
・在咖啡馆打工
・绝不去连锁餐饮店约会

【ヤマダ先輩】 Yamada/ 山田学长 (upperclassman)

- 大阪府出身
- 社会学部3年生
- 照れ屋、努力家
- たこ焼き、からあげが好き
- 趣味は、筋トレ、一人旅、サッカー
- ラーメン屋でアルバイトをしている
- 世界30ヵ国制覇を目指している

・from Osaka
・third year student in the sociology department
・shy, hard worker
・likes takoyaki (octopus balls) and fried chicken
・likes weight training, traveling alone, and playing soccer
・works at a ramen shop
・wants to travel to thirty countries

・大阪人
・社会系三年级的学生
・容易害羞、勤奋不懈
・喜欢吃章鱼烧、炸鸡
・爱好是肌肉训练、一个人旅行、足球
・在拉面店打工
・目标是玩遍全世界30个国家

あっ、花ちゃん、お疲れー。

友だちを見かけたときに話しかける

　スモールトークを知っていますか。道や廊下で会ったとき、エレベーターを待っているときなどに話す短い会話のことです。Lesson 1ではスモールトークの一つとして、友だちが住んでいる場所について質問したり、わかりやすく説明したりする練習をします。また、「友だちことば」を話すときに役立つ、主語や助詞を省略する練習もします。

！ これができる

1 友だちを見かけたときに話しかけることができる。
2 話題を変えることができる。
3 友だちがした質問と同じことが質問できる。

---

① You will be able to start a conversation with a friend.
② You will be able to change the subject.
③ You will be able to use the Japanese equivalent of "How about you?"

① 能在看到朋友时跟他们搭话。
② 能改变话题。
③ 自己也能问出跟朋友问的问题相同的内容。

❓ ウォームアップ

- あなたはどのような内容のスモールトークをしますか。
- あなたは出身地や自分の住んでいる場所を説明するとき、どのように説明しますか。うちから一番近い駅を教えますか。市や町の名前を教えますか。

⚡ キーフレーズ

① 友だちを見かけたときに話しかける。
- ▶ あっ、花ちゃん、お疲れー。
- ▶ あっ、キング君、お疲れー。
- ▶ おっ、キング君、おつー。

② 話題を変える。
- ▶ ねえ、そういえば、花ちゃんって、出身どこなの？
- ▶ ねえねえ、そういえば、キング君って、出身どこなの？
- ▶ ねえねえ、てか、キング君って、出身どこ？

③ 友だちがした質問と同じことを質問する。
- ▶ タロー君は？
- ▶ 花ちゃんは？
- ▶ キング君は？
- ▶ ギャル子は？

内容：topic/ 内容　　スモールトーク：small talk/ 閑聊　　出身地：where one is from/ 出身地　　場所：place/ 場所　　説明する：to explain/ 説明　　一番：the most (the superlative)/ 最　　市：city/ 市

💭 友だちことばにしよう

「ですますことば」を「友だちことば」にしてみよう。

(1) あっ、(名前)、お疲れ様でした。
　　→タロー君 _____

　　→花ちゃん _____

　　→ギャル子 _____

(2) そういえば、(名前)の出身はどこなんですか。
　　→タロー君 _____

　　→花ちゃん _____

　　→ギャル子 _____

(3) (駅名)なんですが、駅から歩いて○分くらいかかるんです。
　　→タロー君 _____

　　→花ちゃん _____

　　→ギャル子 _____

LESSON 1

あっ、花ちゃん、お疲れー！。——友だちを見かけたときに話しかける

真似して言ってみよう

モデル会話1（A：タロー君／B：花ちゃん） 🔊 no.1

休み時間にタロー君が花ちゃんに話しかけます。

タロー君：あっ、花ちゃん、お疲れー。
花ちゃん：あっ、タロー君。今日暑いねー。
タロー君：まじ暑いね。ねえ、そういえば、花ちゃんって、①出身どこなの？
花ちゃん：出身？②埼玉だよ。
タロー君：そうなんだ。
花ちゃん：タロー君は？
タロー君：③僕、千葉。
花ちゃん：へぇー、今、一人暮らし？
タロー君：ううん、実家。花ちゃんは？
花ちゃん：私も実家。
タロー君：そうなんだ。④大学から近いの？
花ちゃん：⑤電車で30分くらいかな。埼京線の浦和って、わかる？
タロー君：うん、まあ。
花ちゃん：池袋から20分。
タロー君：⑥けっこう近いね。
花ちゃん：でしょ。タロー君は？
タロー君：うちは⑦船橋なんだけど、駅から歩いて15分くらいかかるんだ。
花ちゃん：そっか、大変だね。

Taro comes up to Hana during study break.

Taro: Hey Hana, that was a tough class.
Hana: Taro! It's hot today, isn't it?
Taro: Seriously. Hey, by the way, ① where are you from?
Hana: ② Saitama.
Taro: I see.
Hana: What about you?
Taro: ③ I'm from Chiba.
Hana: Okay. Do you live alone now?
Taro: No, with my parents. What about you?
Hana: I live at home, too.
Taro: Yeah? ④ Are you close to the university?
Hana: ⑤ It takes about 30 minutes by train. Do you know Urawa on the Saikyo Line?
Taro: Yeah, sorta.
Hana: It's 20 minutes from Ikebukuro.
Taro: ⑥ That's pretty close.
Hana: Right? And you?
Taro: ⑦ I live in Funabashi, but it takes me about 15 minutes on foot from the station.
Hana: Oh yeah? That's tough.

休息的时候，太郎跟小花聊天。

太郎：啊，小花，下课了。
小花：哦，太郎。今天好热啊！
太郎：对啊，超热的。诶？对了，小花，①你是哪里人？
小花：我？②埼玉啊。
太郎：是哦。
小花：太郎，你呢？
太郎：③我，千叶。
小花：是哦，你现在一个人住吗？
太郎：不，住家里。小花你呢？
小花：我也是住家里。
太郎：这样啊。④离大学近吗？
小花：⑤电车30分钟左右吧。埼京线的浦和，听过吗？
太郎：嗯，听过。
小花：离池袋20分钟。
太郎：⑥挺近的。
小花：对吧。你家呢？
太郎：我家是⑦船桥，不过从车站要走15分左右。
小花：哇，那有点辛苦啊。

モデル会話2 （A：花ちゃん／B：キング君）

花ちゃん：あっ、キング君、お疲れー。
キング君：おっ、花ちゃん。今日あちーな。
花ちゃん：ほんと暑いね。ねえねえ、そういえば、キング君って、①出身どこなの？
キング君：出身？②東京。
花ちゃん：そうなんだ。
キング君：花ちゃんは？
花ちゃん：③わたし、埼玉。
キング君：へえー、今、一人暮らし？
花ちゃん：ううん、実家。キング君は？
キング君：オレも実家。
花ちゃん：そうなんだ。④大学から近いの？
キング君：⑤電車で35分ぐれえかな。小田急線の成城って、わかる？
花ちゃん：うん、まあ。
キング君：新宿から20分。
花ちゃん：⑥けっこう近いね。
キング君：だろ。花ちゃんは？
花ちゃん：うちは⑦浦和なんだけど、駅から歩いて15分くらいかかるの。
キング君：うわー、だりーな。

東京（地名・駅名）：Tokyo (place name, train station)/ 东京（地名・车站名）　小田急線（路線）：Odakyu Line (train line)/ 小田急线（路线）　成城（地名）：Seijo (place name)/ 成城（地名）　新宿（地名・駅名）：Shinjuku (place name, train station)/ 新宿（地名・车站名）

モデル会話3（A：ギャル子／B：キング君） no.3

ギャル子：おっ、キング君、おつー。
キング君：おっ、ギャル子。今日あちーな。
ギャル子：まじで暑すぎなんだけどー。ねえねえ、てか、キング君って、①出身どこ？
キング君：出身？②東京。
ギャル子：そうなんだ。
キング君：ギャル子は？
ギャル子：③あたしも東京。
キング君：へえー、今、一人暮らし？
ギャル子：ううん、友だちと。キング君は？
キング君：実家。
ギャル子：まじで？④大学から近い？
キング君：⑤電車で35分ぐれえかな。小田急線の成城って、わかる？
ギャル子：うん、まあ。
キング君：新宿から20分。
ギャル子：⑥わりと近いじゃん。
キング君：だろ。ギャル子は？
ギャル子：うちは⑦郊外なんだけど、駅から歩いて15分くらいかかるんだよねー。
キング君：うわー、だりーな。

🔊 ドリル

モデル会話の中の①〜⑦を入れ替えて、好きなキャラになりきって話してみよう。

(1)　①出身はどこなんですか。
　　　②神奈川です。
　　　③私は東京です。
　　　④大学からすぐなんですか。
　　　⑤電車で10分くらいです。
　　　⑥便利そうじゃないですか。
　　　⑦大学から徒歩なんですが、坂が多くて30分くらいかかるんです。

(2)　①どこの出身なんですか。
　　　②千葉です。
　　　③私は東京です。
　　　④大学からどのくらいなんですか。
　　　⑤地下鉄で30分くらいです。
　　　⑥近くていいじゃないですか。
　　　⑦渋谷なんですが、信号がたくさんあって時間がかかるんです。

入れ替える：to replace/ 替換　　なりきる：to play the part of/ 彻底成为　　神奈川（地名）：Kanagawa (place name)/ 神奈川（地名）　　徒歩：on foot/ 徒步　　渋谷（地名・駅名）：Shibuya (place name, train station)/ 涉谷（地名・车站名）　　信号：traffic lights/ 红绿灯

➡ フローチャート

フローチャートを見ながら、練習をしたり、会話の流れを確認したりしよう。

- A：見かけたときに話しかける
  start a conversation with someone
  见面时搭话

- B：答える→天気について話す
  answer → talk about the weather
  回答→谈跟天气有关的事

- A：話題を変えて、出身について質問する
  change the subject and ask where the person is from
  改变话题，询问来自何处

- B：答える→同じ質問をする
  answer → ask the same question
  回答→问同样的问题

- A：答える
  answer
  回答

- B：一人で住んでいるか質問する
  ask if the person lives by himself/herself
  询问是否一个人住

- A：答える→同じ質問をする
  answer → ask the same question
  回答→问同样的问题

- B：答える
  answer
  回答

- A：うちが大学から近いか質問する
  ask if the person lives close to the university
  询问家里离大学近不近

- B：答える→うちの近くの駅を知っているか確認する
  answer → ask if the person knows the station near your house
  回答→确认是否知道自己家附近的车站

- A：答える
  answer
  回答

- B：有名な駅からかかる時間を説明する
  explain how long it takes to your station from a well-known station
  说明到有名的车站所需的时间

- A：感想を言う
  state an opinion
  说感想

- B：Aと同じ質問をする
  ask the same question as A
  问跟A问的相同的问题

- A：答える
  answer
  回答

- B：感想を言う
  state an opinion
  说感想

🗨 ロールプレイ

ロールプレイカードAまたはBを見て、好きなキャラになって練習しよう。

A

Bを見かけたので、話しかけて今日の天気について話してください。そのあとで、話題を変えて、Bに出身、住んでいる場所について質問してください。

B

天気について話したあとで、Aに出身、住んでいる場所をわかりやすく説明しましょう。そのあとで、Aに質問されたことと同じことを質問してください。

A: You see B. Start a conversation by first talking about the weather. Then change the subject and ask B about where he/she is from and where he/she lives.

A: 见到B就跟他聊今天的天气。然后改变话题，问B来自何处、住在哪里。

B: After talking about the weather, explain in detail to A where you are from and where you live. Then ask A the same questions A asked you.

B: 聊完天气之后，简单明了地跟A说明自己来自何处以及住处。然后问A相同的问题。

🗒 ワークシート

　ロールプレイカードだけで練習するのが難しいときは、ワークシートを使って、練習しよう。

A：あっ、B、＿＿＿＿＿＿＿＿。

B：あっ、A。今日＿＿＿＿＿＿＿＿＿＿＿＿＿＿。

A：＿＿＿＿＿＿＿＿＿＿＿＿＿＿。＿＿＿＿＿＿＿＿＿＿＿＿＿＿＿＿＿＿＿＿＿？

B：出身？＿＿＿＿＿＿＿＿＿＿＿＿。

A：そうなんだ。

B：Aは？

A：＿＿＿＿＿＿＿＿＿＿＿＿＿＿。

B：へえー、今、一人暮らし？

A：＿＿＿＿＿＿＿＿＿＿＿＿。　Bは？

B：＿＿＿＿＿＿＿＿＿＿＿＿。

A：そうなんだ。大学から近いの？

B：＿＿＿＿＿で＿＿＿＿＿くらいかな。＿＿＿＿線の＿＿＿＿って、わかる？

A：うん、まあ。

B：＿＿＿＿＿から＿＿＿＿。

A：＿＿＿＿＿＿＿＿＿＿＿＿。

B：でしょ。Aは？

A：うちは＿＿＿＿＿なんだけど、＿＿＿＿＿＿＿＿＿＿＿＿くらいかかるんだ。

B：そっか、大変だね。

表現ノート

　この本の中で「友だちことば」とは友だち関係の場合にのみ、使います。一方「話しことば」は目上の人にも使用することができます。

▶ お疲れー　　みんな
▶ おつー

　友だちことば。友だちに会ったときに挨拶として使います。大学生が友だち同士で挨拶するときは「おはよう」「こんにちは」「こんばんは」の中で、「おはよう」以外はあまり使いません。その代わりに「お疲れさま」が挨拶のように使われていて、仲がいい場合はそれを省略して、「お疲れ」と言います。これは仕事の現場で使う「お疲れ様です」「お疲れ様でした」とは違う使い方です。ギャル子、キング君は「おつー」と言うこともあります。「おつー」は、友だち同士では親しみやすさを与えますが、それ以外の人には軽い印象を与えることがあります。

▶ まじ
▶ ほんと　　みんな

　友だちことば。正式には「本当」です。「本当」の「う」が省略されて「ほんと」と発音します。「ほんと」も「まじ」も意味は同じです。「まじ」は主に若い男性がよく使います。「まじ」は花ちゃんや桜さんは使いませんが、ギャル子は使います。

In this book,「友だちことば」refers to the casual speech you use with friends. On the other hand, you can use「話しことば」(casual conversational speech) with anyone, including older people.

▶ お疲れー
▶ おつー
Casual speech for friends. You use this expression to greet your friends. While university students use「おはよう」to greet each other, it is rare for them to use「こんにちは」and「こんばんは」. University students can use「お疲れさま」to greet each other as well. Close friends can use the shortened form「お疲れ」. This usage of「お疲れ」is different from the「お疲れ様です」and「お疲れ様でした」used in the work place. Gyaruko and King sometimes use「おつー」.「おつー」is used among friends, but may not be appropriate during first encounters.

▶ まじ
▶ ほんと
Casual speech for friends. The standard expression is「本当」. The「う」at the end of「本当」is dropped and becomes「ほんと」. Both「ほんと」and「まじ」have the same meaning.「まじ」is mainly used by young men. Women like Hana and Sakura would not use「まじ」, but Gyaruko would.

本书的"日常同辈用语"只能用在朋友谈话里。"口语"则能对长辈使用。

▶ お疲れー
▶ おつー
日常同辈用语。看到朋友打招呼时使用。大学生在跟朋友打招呼时，除了"おはよう（早）"之外，几乎不用"こんにちは（你好）"和"こんばんは（晚上好）"，而是用"お疲れさま（辛苦了）"。交情好的朋友会用"お疲れ"这个省略表现。这跟在工作场合所使用的"お疲れ様です（辛苦了）"和"お疲れ様でした（辛苦了）"不一样。小辣妹或小金有时也说"おつー"。"おつー"用在朋友之间，给人一种亲近感，但是对其他人使用时，会让人觉得有些随便。

▶ まじ
▶ ほんと
日常同辈用语。正式说法为"本当"。把"本当"的"う"省略后，发音就变成"ほんと"。"ほんと"和"まじ"的意思相同。年轻男性常用"まじ"，像小花和小樱就不会用，不过你能从小辣妹的口中听到。

▶花ちゃんって、出身どこなの？　みんな

話しことば。正式には「花ちゃんは、出身はどこなの？」です。「今日は何曜日？」は「今日って何曜日？」、「キング君はサッカーする？」は「キング君ってサッカーする？」のように、「って」には、主題の「は」と同じ機能があります。ただし、「私って桜です」や「ここって郵便局です」のように、主語（「私」「ここ」）と述語（「桜」「郵便局」）の関係が明らかな場合は使えません。

▶埼玉だよ　みんな

話しことば。この場合の終助詞の「よ」は「埼玉」という新しい情報を相手に伝える働きをしています。たとえば、「テスト、いつ？」「明日だよ」や、「これ、何の薬？」「かぜ薬だよ」のように、相手に新しい情報を伝えるために「名詞＋だよ」と使います。

▶へえー　みんな

話しことば。感心したり、驚いたりしたときに使う感嘆詞です。

▶大学から近いの？　みんな

話しことば。「大学から近いんですか」の普通形です。この場合の「の」は上昇イントネーションで発音して、確認する場合に使います。

▶花ちゃんって、出身どこなの？
Casual conversational speech. The standard expression is「花ちゃんは、出身はどこなの？」.「今日は何曜日？」("What day is it today?") would become「今日って何曜日？」and「キング君はサッカーする？」("Do you play soccer, King?") becomes「キング君ってサッカーする？」.「って」has the same function as the「は」in the subject. However,「って」cannot be used in cases where the relationship between the subject and the predicate are obvious. The following are erroneous sentences:「私って桜です」and「ここって郵便局です」.

▶埼玉だよ
Casual conversational speech. In this case, the ending particle「よ」is attached to「埼玉」("It's Saitama.") to signify a new piece of information that is given. Other examples are「テスト、いつ？」("When is the test?"),「明日だよ」("It's tomorrow."), and「これ、何の薬？」("What's this medicine?") and「かぜ薬だよ」("It's cold medicine.").

▶へえー
Casual conversational speech. An interjection used when you are impressed or surprised.

▶大学から近いの？
Casual conversational speech. This is the standard form of「大学から近いんですか」. When using this expression with「の」, there is a rising intonation and it is used for confirming something.

▶花ちゃんって、出身どこなの？
口语。正式说法为"花ちゃんは、出身はどこなの？"。"って"跟主题的"は"的功能相同，像"今日は何曜日？"能说成"今日って何曜日？"，"キング君はサッカーする？"也能说成"キング君ってサッカーする？"。不过，主语（"私""ここ"）和谓语（"桜""郵便局"）的关系很明确时不能使用。因此，一般不说"私って桜です"或"ここって郵便局です"。

▶埼玉だよ
口语。这里的终助词"よ"的功能就是把"埼玉"这个新信息告诉对方。把新信息传达给对方时用"名词+だよ"的形式，比如"テスト、いつ？（考试，什么时候？）""明日だよ（明天啊）"和"これ、何の薬？（这个，什么药啊？）""かぜ薬だよ（感冒药啊）"。

▶へえー
口语。用在表示佩服或惊讶时的感叹词。

▶大学から近いの？
口语。"大学から近いんですか（离大学近吗？）"的普通形。这时"の"发上升调，用来进行确认。

▶電車で30分くらいかな

話しことば。下降イントネーションで発音して、自問するときに使います。たとえば、「テスト、難しいかな」「タロー君、来るかな」のように使います。

▶けっこう／わりと近いね

話しことば。正式には「かなり近いね」です。いずれも「思ったよりかなり〜」という意味があります。「今日のテストはけっこう簡単だった」「わりと簡単だった」のようにい形容詞、な形容詞の前につけて使います。

▶でしょ

友だちことば。正式には「そうでしょう」です。相手の言ったことに同意するときに使います。主に女性が使います。ここでは相手が「近いね」と言ったことに「(そう、近い)でしょ」と答えています。

▶うちは船橋なんだけど

話しことば。正式には「うちは船橋なのですが」です。「(な)のだ」は説明するときに使います。ここでは話しことばで「(な)んだ」になっています。「けど」は、これから話す話のテーマを示すとき使います。「うちは船橋なんだ」と説明し、「うちは船橋なんだけど」と、これから船橋について話すということを示しています。

▶電車で30分くらいかな
Casual conversational speech. By using a falling intonation, you are asking yourself a question. For example,「テスト、難しいかな」("I wonder if the test is difficult.") or「タロー君、来るかな」("I wonder if Taro is coming.").

▶けっこう／わりと近いね
Casual conversational speech. The standard form is「かなり近いね」. They both mean「思ったよりかなり〜」("It was more 〜 than I thought."). Used before i-adjectives and na-adjectives, such as in「今日のテストはけっこう簡単だった」("The test today was easier than I thought.") and「わりと簡単だった」("It was pretty easy.").

▶でしょ
Casual speech for friends. The standard form is「そうでしょう」. It is used to show agreement with what the other person said and mainly is used by women. Here, the person said,「近いね」, so the response was「(そう、近い)でしょ」.

▶うちは船橋なんだけど
Casual conversational speech. The standard form is「うちは船橋なのですが」.「(な)のだ」is used to explain something, but it is changed to「(な)んだ」in casual speech.「けど」is used to alert the listener to what the topic of the conversation will be next. When the speaker says,「うちは船橋なんだけど」, it means that the person is going to talk about Funabashi next.

▶電車で30分くらいかな
口语。发下降调，用于自问。比如"テスト、難しいかな（考试，很难吧）""タロー君、来るかな（太郎，会不会来呢？）"。

▶けっこう／わりと近いね
口语。正式说法为"かなり近いね"。两者都有"比想象中来得〜"之意。置于"い形容詞"和"な形容詞"前，如"今日のテストはけっこう簡単だった（今天的考试挺简单的）"、"わりと簡単だった（没想到那么简单）"。

▶でしょ
日常同辈用语。正式说法为"そうでしょう"，用于赞同对方说的话之时。一般为女性用语。这里的"(そう、近い)でしょ。((嗯、近。)对吧）"是为了回答对方说的"近いね（很近呢）"。

▶うちは船橋なんだけど
口语。正式说法为"うちは船橋なのですが"。"(な)のだ"用于说明。口语变成"(な)んだ"。"けど"表示接下来要说的主题。先说明"うちは船橋なんだ"，然后用"うちは船橋なんだけど"来表示接下来要说关于船桥的事。

▶駅から歩いて15分くらいかかる<u>んだ</u>
▶駅から歩いて15分くらいかかる<u>の</u>
▶駅から歩いて15分くらいかかる<u>んだよねー</u>

　話しことば。「（な）のだ」は、「～（な）んです」の普通形です。説明するときに使います。「駅から歩いて15分くらいかかる」という説明をしています。

▶35分ぐれえかな

　友だちことば。正式には「35分ぐらい」です。「くらい」も「くれえ」になります。主に男性が使います。

▶だろ

　友だちことば。正式には「そうだろう」です。「そうだろう」が省略されて「だろ」と言っています。相手が言ったことに同意するときに使います。主に男性が使います。ここでは相手が「近いね」と言ったことに「（そう、近い）だろ」と答えています。タロー君のような男性の場合は「でしょ」を使います。

▶駅から歩いて15分くらいかかるんだ
▶駅から歩いて15分くらいかかるの
▶駅から歩いて15分くらいかかるんだよねー
Casual conversational speech. 「（な）のだ」 is the standard conjugation of 「～（な）んです」. It is used to explain something. In this instance, it is being explained that it takes 15 minutes to walk from the station (「駅から歩いて15分くらいかかる」).

▶35分ぐれえかな
Casual speech for friends. The standard form is 「35分ぐらい」. 「くらい」 becomes 「くれえ」. Mainly used by men.

▶だろ
Casual speech for friends. The standard form is 「そうだろう」. 「だろ」 is the abbreviated form of 「そうだろう」. It is used to show agreement and mainly used by men. Here, the person said, 「近いね」, so the response was 「（そう、近い）だろ」. However, men like Taro would use 「でしょ」.

▶駅から歩いて15分くらいかかるんだ
▶駅から歩いて15分くらいかかるの
▶駅から歩いて15分くらいかかるんだよねー
口语。"（な）のだ"是"～（な）んです"的普通形，用于说明。这里说明"从车站走路要花15分左右"的情况。

▶35分ぐれえかな
日常同辈用语。正式说法为"35分ぐらい"。"くらい"也能变成"くれえ"，主要为男性用语。

▶だろ
日常同辈用语。正式说法为"そうだろう"。"そうだろう"省略成"だろ"。用于赞同对方说的话之时。主要为男性用语。这里的"（そう、近い）だろ（（嗯、近,）对吧）"是为了回答对方说的"近いね（很近呢）"。像太郎这样的男性使用"でしょ"。

▶だりーな

　友だちことば。「だるい」が「だりー」になっています。本来は「体が疲れて、だるい」のような意味ですが、友だちことばでは、「大変だ」「いやだ」のような意味で使われることがあります。これを使うと友だち同士では親しみやすさを与えますが、それ以外の人には軽い印象を与える場合があります。友だちことばで使うい形容詞についてはコラム p. 53 参照。

▶てか

　友だちことば。正式には「というか」です。これが「ていうか」になり、省略されて「てか」になっています。話題を変えて、前の話題とは関係なく新しい話を始めるときに使います。

▶わりと近いじゃん

　友だちことば。正式には「わりと近いね」です。普通形の文末に使います。この表現を使うとその前の表現の意味が強まります。主に関東地方で多く使われます。友だち同士では親しみやすさを与えますが、それ以外の人には軽い印象を与える場合があります。

▶だりーな
Casual speech for friends.「だりー」is short for「だるい」("sluggish"). Originally, it was used as in「体が疲れて、だるい」("I am so tired and feel sluggish."), but among friends, it can mean several things such as「大変だ」("tiresome") or「いやだ」("such a drag"). It can be used to show solidarity between friends, but may not be appropriate to use during first encounters. For i-adjectives used with friends, refer to Column (p. 53).

▶てか
Casual speech for friends. The standard form is「というか」. This evolved into「ていうか」, and then「てか」. It is used to change the topic of conversation.

▶わりと近いじゃん
Casual speech for friends. The standard form is「わりと近いね」. It is used at the end of a sentence with standard conjugation.「じゃん」emphasizes the statement and is mainly used in the Kanto region. This expression is used to convey familiarity, but it may sound too casual for first encounters.

▶だりーな
日常同辈用语。"だるい"变成"だりー"。原本是"身体疲劳，不想动"之意，在跟同辈对话时，也能表示"大变だ（很辛苦）"、"いやだ（不想干）"的意思。这个表现用在朋友之间，给人一种亲近感，但是对其他人使用时，会让人感觉有点儿随便。关于日常同辈用语里所使用的"い形容词"，请参看专栏 53 页。

▶てか
日常同辈用语。正式说法为"というか"。这个表现可以变成"ていうか"，或者省略成"てか"。用于改变话题，另辟一个跟前面话题无关的新内容之时。

▶わりと近いじゃん
日常同辈用语。正式说法为"わりと近いね"。用于普通形的句末。这个表现能增强之前提及的表现的意义。在关东地区较为常用。用在朋友之间，给人一种亲近感，但是对其他人使用时，会让人觉得有些随便。

Column 一人称「私」の言い方

「ですますことば」で話すとき、多くの人は「私」と言います。「友だちことば」で話すときは、それ以外に「あたし」「僕」「俺」なども使われます。

私 … 花ちゃんと桜さんは「私」を使っています。「私」は「ですますことば」で話す場合も「友だちことば」で話す場合も一般的に女性の一人称として使われます。同じ漢字でも「私」は敬語を話す場合に使われることが多いです。

あたし … ギャル子は「あたし」を使っています。「あたし」は比較的若い女性が使うことが多いです。「ですますことば」や敬語で話す場合は使わないほうがいいでしょう。

僕 … タロー君は「僕」を使っています。「僕」は「友だちことば」で話す場合に一般的に男性の一人称として使われます。「俺」に比べ、優しい印象があります。

俺 … キング君は「俺」を使っています。「俺」は「友だちことば」で話す場合に男性の一人称として使われます。「僕」に比べ、力強い印象があります。「ですますことば」や敬語で話す場合は使わないほうがいいでしょう。

自分 … ヤマダ先輩は「自分」を使っています。「自分」は「ですますことば」で話す場合や「友だちことば」で話す場合に男性の一人称として使われます。「自分」はスポーツマンや体育会系の男性に使われることが多いです。敬語で話す場合は使わないほうがいいでしょう。

言わなくてもわかる場合は一人称は省略してもかまいません。Lesson 1のモデル会話を見てみましょう。①では花ちゃんがタロー君に「タロー君は今、一人暮らし?」と質問します。話している相手はタロー君であることがわかるため、省略しています。同じように②では「僕は」を省略しています。③では「も」を言う必要があるので、「私」は省略していません。

> 花ちゃん:へえー、今、一人暮らし?…①
> タロー君:ううん、実家。花ちゃんは?…②
> 花ちゃん:私も実家。…③

一人称:first person/ 第一人称　　多く:many/ 许多　　一般的(な):commonly/ 一般(的)　　〜として:as 〜/ 作为〜
敬語:polite speech/ 敬語　　比較的:relatively/ 比较　　印象:impression/ 印象　　力強い:stronger, more masculine/ 强而有力　　スポーツマン:sportsman/ 运动员　　体育会系:athletes, jocks/ 参加体育社团的人　　省略する:to omit/ 省略
一人暮らし:living by oneself/ 一个人住　　相手:partner/ 对方　　実家:parents' house/ 老家

俺、そろそろ行かなきゃだから。また今度な。

相手が嫌な気持ちにならないように断る

Lesson 2 では知り合ったばかりの人にメールアドレスや SNS などの連絡先を聞いたり、連絡先を教えたくないとき、相手が嫌な気持ちにならないように断る練習をしたりします。また、話を終わりにする練習もします。

！ これができる

1. 連絡先を聞くことができる。
2. 相手が嫌な気持ちにならないように断ることができる。
3. 話を終わりにすることができる。

① You will be able to ask for contact information.
② You will be able to decline politely.
③ You will be able to end the conversation.

① 能询问联系方式。
② 能拒绝对方，但不让人家感到不舒服。
③ 能结束对话。

17

❓ ウォームアップ

- どのような方法で友だちと連絡を取っていますか。
- 連絡先を教えたくないとき、どのように断りますか。

⚡ キーフレーズ

1 連絡先を聞く。
- ▶ そういえば、花ちゃんって、SNSとかやってる？
- ▶ そういえば、キング君って、SNSとかやってる？
- ▶ てか、キング君って、SNSとかやってたりする？

2 相手が嫌な気持ちにならないように断る。
- ▶ うん、いいけど、私、そろそろ行かなきゃだから。また今度でもいい？
- ▶ まっ、いいけど、俺、そろそろ行かなきゃだから。また今度な。

3 話を終わりにする。
- ▶ じゃ、体育の授業あるから、行くね。
- ▶ じゃ、体育の授業あるし、行くわ。

方法：method/ 方法　　連絡先：contact information/ 联系方式　　断る：to decline/ 拒绝

💬 友だちことばにしよう

「ですますことば」を「友だちことば」にしてみよう。

(1) そういえば、(名前) は SNS をしていますか。
　　→タロー君　＿＿＿＿＿＿＿＿＿＿＿＿＿＿＿＿＿＿＿＿＿＿＿＿＿＿

　　→桜さん　　＿＿＿＿＿＿＿＿＿＿＿＿＿＿＿＿＿＿＿＿＿＿＿＿＿＿

　　→ギャル子　＿＿＿＿＿＿＿＿＿＿＿＿＿＿＿＿＿＿＿＿＿＿＿＿＿＿

(2) はい、いいですが、私はそろそろ行かなければなりません。また今度でもいいですか。
　　→花ちゃん　＿＿＿＿＿＿＿＿＿＿＿＿＿＿＿＿＿＿＿＿＿＿＿＿＿＿

　　→キング君　＿＿＿＿＿＿＿＿＿＿＿＿＿＿＿＿＿＿＿＿＿＿＿＿＿＿

(3) では、体育の授業がありますから、行きます。
　　→花ちゃん　＿＿＿＿＿＿＿＿＿＿＿＿＿＿＿＿＿＿＿＿＿＿＿＿＿＿

　　→キング君　＿＿＿＿＿＿＿＿＿＿＿＿＿＿＿＿＿＿＿＿＿＿＿＿＿＿

LESSON 2

俺、そろそろ行かなきゃだから。また今度な。──相手が嫌な気持ちにならないように断る

真似して言ってみよう

モデル会話1（A：タロー君／B：花ちゃん）　🔊 no.4

Lesson 1の続きの会話です。タロー君が話を変えます。

タロー君：そういえば、①花ちゃんって、SNSとかやってる？
花ちゃん：うん。
タロー君：あのー、②IDとか教えてくれないかな？
花ちゃん：うん、いいけど、私、そろそろ行かなきゃだから。また今度でもいい？
タロー君：あっ、もちろん。
花ちゃん：じゃ、③体育の授業あるから、行くね。
タロー君：うん、頑張ってね。
花ちゃん：ありがと。④じゃあね。
タロー君：じゃあね。

Continuation of the conversation from Lesson 1. Taro starts a new topic.

Taro: By the way, ① do you do Line or something?
Hana: Yeah.
Taro: Um, ② can I have your username or something?
Hana: Yeah. But I have to leave now. Can I tell you next time?
Taro: Oh, of course.
Hana: ③ I have a gym class now. Bye.
Taro: Ok, hang in there!
Hana: Thanks. ④ See you.
Taro: Bye!

这段对话延续第1课的内容。太郎改变了话题。

太郎：对了，①小花、你用SNS吗？
小花：嗯。
太郎：那，②可以告诉我你的ID之类吗？
小花：嗯，可以是可以，但是我得走了，下次好不好？
太郎：哦，没问题。
小花：那，③我要去上体育课，先走了。
太郎：嗯，加油啊。
小花：谢谢。④再见。
太郎：再见。

モデル会話2（A：桜さん／B：キング君） 🔊 no.5

桜さん　　：そういえば、①キング君って、SNSとかやってる？
キング君：一応。
桜さん　　：じゃ、②IDとか教えてくれない？
キング君：まっ、いいけど、俺、そろそろ行かなきゃだから。また今度な。
桜さん　　：あっ、もちろん。
キング君：じゃ、③体育の授業あるし、行くわ。
桜さん　　：うん、頑張って。
キング君：サンキュ。④じゃあな。
桜さん　　：じゃ。

モデル会話3（A：ギャル子／B：キング君） 🔊 no.6

ギャル子：てか、①キング君って、SNSとかやってたりする？
キング君：一応。
ギャル子：じゃ、②IDとか教えてくんない？
キング君：まっ、いいけど、俺、そろそろ行かなきゃだから。また今度な。
ギャル子：あっ、オッケー。
キング君：じゃ、③体育の授業あるし、行くわ。
ギャル子：オッケー、頑張って。
キング君：サンキュ。④じゃあな。
ギャル子：じゃあねー。

一応：just in case/ 姑且、暫時　　まっ（まあ）：well/ 噢　　俺➡コラムp.16　　てか➡表現ノートp.15

🔊 ドリル

モデル会話の中の①〜④を入れ替えて、好きなキャラになりきって話してみよう。

(1) ①(名前)はインスタをしていますか。
②アカウントを教えてくれませんか。
③サークルの練習がありますから、(行きます)。
④では、またですね。

(2) ①(名前)はラインをしていますか。
②QRコードを交換してくれませんか。
③アルバイトに遅れてしまいますから、(行きます)。
④また、水曜日に会いましょう。

➡ フローチャート

フローチャートを見ながら、練習をしたり、会話の流れを確認したりしよう。

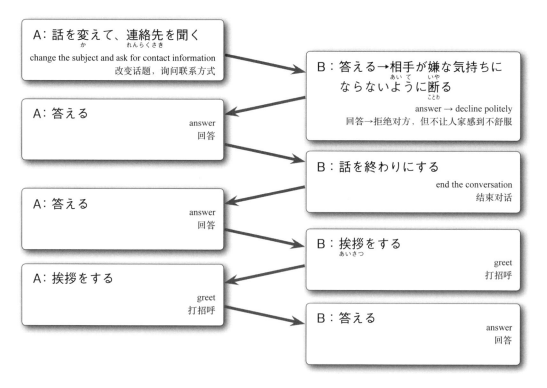

インスタ (Instagram; インスタグラム。無料の写真共有アプリケーション。)：Instagram (Free app for sharing pictures)/ Instagram (IG; 免费的照片共享应用程序。)　　アカウント：account/ 账号　　サークル：club/ 社团　　ライン (LINE; テキストチャットや無料通話ができるアプリケーション。)：Line (Free app for sending texts and making free calls)/LINE (连我。能发文字信息或免费通话的应用程序。)　　QRコード：QR code/ 二维码　　交換する：to exchange/ 交换

🗒 ロールプレイ

ロールプレイカードAまたはBを見て、好きなキャラになって練習しよう。

```
              A
Bに出身、住んでいる場所（Lesson 1
の復習）、連絡先を聞いてください。
```

```
              B
Aに出身、住んでいる場所（Lesson 1
の復習）を教えてください。でも、連絡
先は教えたくありません。Aが嫌な気持
ちにならないように断ってください。そ
して、話を終わりにしてください。
```

🗒 ワークシート

ロールプレイカードだけで練習するのが難しいときはワークシートを使って、練習しよう。

A：そういえば、Bって、＿＿＿＿＿＿＿＿＿＿＿＿＿＿？

B：うん。

A：あのー、＿＿＿＿＿＿＿＿＿＿＿＿＿＿＿＿？

B：うん、いいけど、＿＿＿＿＿＿＿＿＿＿。＿＿＿＿＿＿＿＿＿？

A：あっ、もちろん。

B：じゃ、＿＿＿＿＿＿＿＿＿＿＿から、行くね。

A：うん、頑張ってね。

B：ありがと。じゃあね。

A：じゃあね。

LESSON 2
俺、そろそろ行かなきゃだから。また今度な。——相手が嫌な気持ちにならないように断る

A: Ask where B is from, and where he/she lives (review of Lesson 1). Then ask B for contact information.
A: 询问B来自何处、住处（复习第1课）、联系方式。

B: Tell A where you are from and where you live (review of Lesson 1). However, you don't want to give A your contact information. Avoid giving it by deferring the answer until the future. Then end the conversation.
B: 告诉A你来自何处、住在哪里（复习第1课）。但是你不想告诉他联系方式，因此用不让对方感到不舒服的方式拒绝，然后结束对话。

表現ノート

▶ そういえば　　みんな

話しことば。話題を変えるときに使います。

▶ IDとか教えてくれないかな？　　みんな

話しことば。正式には「IDを教えてくれないかな？」です。「IDを」の「を」を「とか」にすることで、IDではなく他の連絡先でもいいから教えてほしいという意味になります。

▶ 行かなきゃだから　　みんな

友だちことば。正式には「行かなければならないから」です。「行かなきゃだから」を使うと、友だち同士では親しみやすさを与えますが、それ以外の人には軽い印象を与えることがあります。

▶ もちろん　　みんな
▶ オッケー　　みんな

話しことば。相手の提案や意見に対して、受け入れるときの返事です。「オッケー」は英語の「Okay」を日本語化した言葉です。

▶ そういえば
Casual conversational speech. You use it to change the subject.
▶ IDとか教えてくれないかな？
Casual conversational speech. The standard form is「IDを教えてくれないかな？」. By changing the「を」in「IDを」to「とか」, it means that you want some type of contact information, not necessarily the ID itself.
▶ 行かなきゃだから
Casual speech for friends. The standard form is「行かなければならないから」. This expression is used to convey familiarity, but it may sound too casual for first encounters.
▶ もちろん
▶ オッケー
Casual conversational speech. Used when you agree with the conversation partner's suggestion or opinion.「オッケー」is the Japanese variant of "Okay."

▶ そういえば
口语。用于改变话题之时。
▶ IDとか教えてくれないかな？
口语。正式说法为"IDを教えてくれないかな？"。把"IDを"的"を"变成"とか"，表示不一定要ID，其他联系方式也行。
▶ 行かなきゃだから
日常同辈用语。正式说法为"行かなければならないから"。在朋友面前使用"行かなきゃだから"，能给人一种亲近感，但是对其他人使用时，会让人觉得有些随便。
▶ もちろん
▶ オッケー
口语。接受对方的提案或意见时的回答。"オッケー"是英语"Okay"的日语化表现。

▶ありがと　　みんな
▶サンキュ　みんな

　友だちことば。お礼を言うときの言葉です。「サンキュ」は英語の「Thank you」が日本語化した言葉です。

▶じゃあね　　みんな
▶じゃあな

　友だちことば。正式には「それでは＋動詞」です。次の行動に移る前に使います。特に別れるときに「それじゃ、（帰る）」のように、挨拶としてよく使います。後の動詞はよく省略されます。「じゃあな」は主に男性が使います。

▶教えてくんない？

　友だちことば。正式には「動詞て形＋くれませんか」です。「動詞て形＋くんない？」は、主に男性が使います。これを使うと、友だち同士では親しみやすさを与えますが、それ以外の人には軽い印象を与えることがあります。

俺、そろそろ行かなきゃだから。また今度な。――相手が嫌な気持ちにならないように断る

▶ありがと
▶サンキュ
Casual speech for friends. Used to express appreciation.「サンキュ」is the Japanese variant of "Thank you."
▶じゃあね
▶じゃあな
Casual speech for friends. The standard form is「それでは＋動詞」. It is used to signal a change of action. It is often used when parting, as in「それじゃ、（帰る）」. The verb that follows is often omitted.「じゃあな」is mainly used by men.
▶教えてくんない？
Casual speech for friends. The standard form is「動詞て形＋くれませんか」.「動詞て形＋くんない？」is often used by men. This expression is used among friends, but may not be appropriate during first encounters.

▶ありがと
▶サンキュ
日常同輩用語。道谢时说的词语。"サンキュ"是英语"Thank you"的日语化表现。
▶じゃあね
▶じゃあな
日常同輩用語。正式说法为"それでは＋动词"。用于进行下一个行动之前。特别是常作为道别时的招呼语，如"それじゃ、（帰る）（那、我回去了。）"。后面的动词经常被省略。"じゃあな"主要为男性用语。
▶教えてくんない？
日常同輩用語。正式说法为"动词て形＋くれませんか"。"动词て形＋くんない？"主要为男性用语。这个表现用在朋友之间，给人一种亲近感，但是对其他人使用时，会让人觉得有些随便。

Column | 終助詞（ね、よ、な）

まず、次の会話を見てみましょう。

　A：これ、おいしい。
　B：そう。

ここでは、Aさんが「おいしい」ことをBさんに伝え、それを聞いたBさんが「そう」と答えて、同意しています。しかし、この会話はやや不自然です。より自然な会話にするためには、以下のようにする必要があります。

　A：これ、おいしい<u>ね</u>。
　B：うん、そうだ<u>ね</u>。

このように、お互いの「共感」や相手の「同意」を求めるときには終助詞の「ね」が必要です。
それでは、次の会話を見てみましょう。

　A：あれ、僕のペンがない。
　B：あっ、ここにある<u>よ</u>。

「よ」は、相手に新しい情報を伝えるときに使います。Bさんはペンを見つけたので「ここにある」という情報をAさんに「よ」を使って伝えています。
次の会話でも感嘆を表す終助詞「な」が必要です。

　A：その時計、いい<u>な</u>。どこで買ったの？
　B：東京のデパートで買ったんだ。

終助詞「な」は、話し手の感嘆を表します。
このように、日本語の会話の中では様々な終助詞がたくさん使われています。

終助詞：sentence ending particle/ 終助詞　　同意する：to agree/ 同意　　やや：rather/ 稍微　　不自然（な）：unnatural/ 不自然(的)　　より：more/ 比　　自然（な）：natural/ 自然(的)　　お互い：each other/ 互相　　共感：empathy, agreement/ 共鸣、同感　　相手：partner/ 对方　　同意：agreement/ 同意　　求める：to seek/ 要求　　情報：information/ 信息　　感嘆：admiration/ 感叹　　表す：to express/ 表示　　東京（地名）：Tokyo (place name)/ 东京（地名）　　話し手：speaker/ 说话者　　様々（な）：various/ 各种各样(的)

LESSON 3 えっと、タメ語でもいいっすか?

「ですますことば」から「友だちことば」に変えて話していいか確認（かくにん）する

　どのようなタイミングで「友だちことば」を使い始めますか。Lesson 3では初（はじ）めて会った人と会話をしている間に「ですますことば」から「友だちことば」に変（か）えて話す練習（れんしゅう）をします。

！これができる

1. 知っている人かどうか確認（かくにん）することができる。
2. 「ですますことば」から「友だちことば」に変（か）えて話していいか確認することができる。
3. 仲良（なかよ）くなるために名前の呼（よ）び方を聞くことができる。

---

① You will be able to confirm whether or not you know the person.
② You will be able to confirm whether or not you can switch from polite speech to casual conversation speech.
③ You will be able to ask what you should call the person.

① 能确认是否为认识的人。
② 能确认在说话时是否能从"ですます体"变成"日常同辈用语"。
③ 为了拉近距离，能询问对方如何称呼。

? ウォームアップ

- あなたは顔は見たことがあるけど、あまり知らない人に話しかけますか。
- 親しい人の名前を呼ぶとき、日本では「〜君」「〜ちゃん」と呼んだり、ニックネームをつけます。自分の名前に合うのはどのような呼び方でしょうか。

⚡ キーフレーズ

1. 知っている人かどうか確認する。
    - ▶ たしか花ちゃん／ギャル子さんでしたっけ？
    - ▶ たしかタロー君でしたっけ？
    - ▶ たしか桜さん／キング君でしたっけ？

2. 「ですますことば」から「友だちことば」に変えて話していいか確認する。
    - ▶ えっと、タメ語でもいいですか。
    - ▶ えっと、タメ語でもいいっすか？
    - ▶ じゃ、敬語じゃなくていい？
    - ▶ じゃ、敬語じゃなくていいよな？

3. 仲良くなるために名前の呼び方を聞く。
    - ▶ 何て呼んだらいい？
    - ▶ 何て呼んだらいい感じ？

話しかける：to start a conversation/ 攀談、搭話　　親しい：close (relationship)/ 親近　　ニックネーム：nickname/ 昵称

友だちことばにしよう

「ですますことば」を「友だちことば」にしてみよう。

(1) たしか（名前）でしたよね。
　　→桜さん　　＿＿＿＿＿＿＿＿＿＿＿＿＿＿＿＿＿＿＿＿＿＿＿

　　→キング君　＿＿＿＿＿＿＿＿＿＿＿＿＿＿＿＿＿＿＿＿＿＿＿

　　→タロー君　＿＿＿＿＿＿＿＿＿＿＿＿＿＿＿＿＿＿＿＿＿＿＿

(2) えっと、友だちことばにしてもいいですか。
　　→桜さん　　＿＿＿＿＿＿＿＿＿＿＿＿＿＿＿＿＿＿＿＿＿＿＿

　　→キング君　＿＿＿＿＿＿＿＿＿＿＿＿＿＿＿＿＿＿＿＿＿＿＿

(3) それでは、敬語じゃなくてもいいですか。
　　→桜さん　　＿＿＿＿＿＿＿＿＿＿＿＿＿＿＿＿＿＿＿＿＿＿＿

　　→キング君　＿＿＿＿＿＿＿＿＿＿＿＿＿＿＿＿＿＿＿＿＿＿＿

(4) 何と呼んだらいいですか。
　　→花ちゃん　＿＿＿＿＿＿＿＿＿＿＿＿＿＿＿＿＿＿＿＿＿＿＿

　　→タロー君　＿＿＿＿＿＿＿＿＿＿＿＿＿＿＿＿＿＿＿＿＿＿＿

　　→ギャル子　＿＿＿＿＿＿＿＿＿＿＿＿＿＿＿＿＿＿＿＿＿＿＿

LESSON 3

えっと、タメ語でもいいっすか？──「ですますことば」から「友だちことば」に変えて話していいか確認する

真似して言ってみよう①

モデル会話1（A：花ちゃん／B：桜さん） 🔊 no.7

顔を知っているクラスメートにエレベーターの前で会いました。

花ちゃん：あっ。

桜さん　：あっ、どうも。

花ちゃん：たしか同じクラスですよね。

桜さん　：そうですね。<u>たしか花ちゃんでしたっけ？</u>

花ちゃん：えっ、そうだけど。なんで知ってるんですか。

桜さん　：<u>えっと、タメ語でもいいですか。</u>

花ちゃん：うん、もちろん。

桜さん　：①<u>同じクラスの男の子がよく花ちゃんって、呼んでるから。</u>

花ちゃん：そっかー。名前聞いてもいいかな。

桜さん　：桜。よろしくね。

花ちゃん：うん、よろしくね。<u>何て呼んだらいい？</u>

桜さん　：普通に桜でいいよ。

花ちゃん：うん。②<u>あの、授業レポート多いから、けっこうだるいよね。</u>

桜さん　：そうだね。

花ちゃん：じゃ、③<u>テストの前とか協力しようよ。</u>

桜さん　：うん。④<u>今度教室で会ったら、よろしくね。</u>

In front of the elevator, you run into a classmate whom you recognize.

Hana: Oh.
Sakura: Oh. Hello.
Hana: We're in the same class, right?
Sakura: Yes. Your name is Hana?
Hana: Wow, yes. How do you know?
Sakura: Um, is it okay if we use the casual form?
Hana: Yes, of course.
Sakura: ① There's a boy in the same class who often calls you "Hana."
Hana: I see. What's your name?
Sakura: Sakura. Nice to meet you.
Hana: Same here. What should I call you?
Sakura: Sakura is fine.
Hana: Okay. ② There are lots of reports to write in that class. It's such a drag.
Sakura: Yeah. I know.
Hana: ③ Let's study for the tests together.
Sakura: Great! ④ See you in class!

在电梯前面遇到见过面的同学。

小花：啊。
小樱：啊。你好。
小花：我们是同班的吧。
小樱：对，你叫小花，是吧。
小花：嗯，没错。你怎么知道？
小樱：嗯……，我可以不用敬语吗？
小花：可以啊。
小樱：①因为同班的男生常叫你"小花"。
小花：是哦。你叫什么名字？
小樱：樱。很高兴认识你。
小花：嗯，我也是。怎么称呼你比较好？
小樱：就叫樱就可以了。
小花：嗯。②对了，上课的报告好多，好累哦。
小樱：对啊。
小花：不然，③考试之前一起念书吧。
小樱：嗯。④下次教室见。

モデル会話2（A：ギャル子／B：桜さん）

ギャル子：あっ。
桜さん　：あっ、どうも。
ギャル子：たしか同じクラスだよね？
桜さん　：そうですね。たしかギャル子さんでしたっけ？
ギャル子：えっ、そうだけど。なんで知ってんのー？
桜さん　：えっと、タメ語でもいいですか。
ギャル子：うん、オッケー。
桜さん　：①同じクラスの男の子がよくギャル子って、呼んでるから。
ギャル子：そっかー。名前いい？
桜さん　：桜。よろしくね。
ギャル子：うん、よろしくー。何て呼んだらいい感じ？
桜さん　：普通に桜でいいよ。
ギャル子：オッケー。②あの、授業レポート多いから、まじだるくなーい？
桜さん　：そうだね。
ギャル子：じゃ、③テストの前とか協力しよ。
桜さん　：うん。④今度教室で会ったら、よろしくね。

オッケー➡表現ノートp.24　　まじ➡表現ノートp.11　　とか➡表現ノートp.24

モデル会話3（A：タロー君／B：キング君）　🔊 no.9

タロー君：あっ。
キング君：あっ、どうも。
タロー君：たしか同じクラスですよね。
キング君：そうっすね。たしかタロー君でしたっけ？
タロー君：えっ、そうだけど。なんで知ってんですか？
キング君：えっと、タメ語でもいいっすか？
タロー君：うん、もちろん。
キング君：①同じクラスのやつがよくタローって、呼んでっから。
タロー君：そっかー。名前聞いてもいい？
キング君：キング。よろしく。
タロー君：うん、よろしく。何て呼んだらいい？
キング君：普通にキングで。
タロー君：うん。②あの、授業レポート多いから、まじ大変だよね。
キング君：だな。
タロー君：じゃ、③テストの前とか協力しようよ。
キング君：うん。④今度教室で会ったら、よろしく。

🔊 **ドリル①**

モデル会話の中の①〜④を入れ替えて、好きなキャラになりきって話してみよう。

（1）　①先生がよく（名前）と呼んでいますので。
　　　②あの先生は出席にきびしいですので。
　　　③休まないようにしましょう。
　　　④今度見かけたら、また声をかけてください。

（2）　①誰かが学食で（名前）と呼んでいるのを聞いたことがありますので。
　　　②最近学食は込んでいますので。
　　　③今度外に食べに行きましょう。
　　　④では、また来週授業で会いましょう。

やつ（奴／人）：guy/ 家伙、那个人　　見かける：to spot someone/ 看见　　学食：cafeteria/ 学生食堂

真似して言ってみよう②

モデル会話4（A：桜さん／B：タロー君）

桜さんはサークルの新入生歓迎会に行きます。話をしたことがない同じ大学の学生がいます。

桜さん　　：ここ、いいですか。
タロー君：あっ、はい。
桜さん　　：大学、同じですよね。
タロー君：そうですね。たしか桜さんでしたっけ？
桜さん　　：えっ、なんで知ってるんですか。
タロー君：いや、自己紹介が印象的でしたので…。
桜さん　　：えっ、そうでしたか。名前、聞いてもいいですか。
タロー君：タローです。経営学部の1年です。
桜さん　　：あっ、①同じ学年！じゃ、敬語じゃなくていい？
タロー君：うん、いいよ。
桜さん　　：②うちの大学って、都心にあるのはいいけど、駅から遠くてめんどくさくない？
タロー君：うん。③電車込むし、昼ご飯安いとこ少ないし。
桜さん　　：だよね。せっかく知り合いになったし、④今度ランチ、一緒に食べようよ。
タロー君：うん、いいね。連絡先、交換しよっか。
桜さん　　：うん。

Sakura goes to a welcome party for new club members. There is a student from the same university whom she has never spoken to before.

Sakura: Can I sit here?
Taro: Of course.
Sakura: We go to the same university, right?
Taro: Yes. Your name is Sakura?
Sakura: Yeah. How do you know?
Taro: I remember your self-introduction. It was memorable.
Sakura: Oh really? What's your name?
Taro: I'm Taro. I'm a freshman in the business administration department.
Sakura: Hey, ① we are in the same year. So is it okay if we don't use the polite form?
Taro: Yes, of course.
Sakura: ② It's great our university is in the city center. But it's so far from the station - isn't that annoying?
Taro: Yeah. ③ The trains are crowded, and there aren't many cheap places for lunch.
Sakura: Right? Since we now know each other, ④ why don't we have lunch together soon?
Taro: Sounds great. Let's exchange our contact information.
Sakura: Ok.

小樱要参加社团的新生欢迎会。有些学生是同一所大学，但没有交谈过的。

小樱：我可以坐这里吗？
太郎：哦，好。
小樱：同一所大学的，对吧。
太郎：对。你是小樱是吧。
小樱：欸？你怎么知道？
太郎：是这样的，你的自我介绍让人印象深刻……
小樱：哦，是吗。你叫什么名字呢？
太郎：太郎。经营系1年级。
小樱：哦，①我们同年嘛！那，可以不用敬语吗？
太郎：嗯，好啊。
小樱：②我们大学，虽然在市中心，但是离车站很远，好麻烦哦。
太郎：嗯，③电车很挤，也很难买到便宜的中饭。
小樱：是吧。难得认识你，④下次一起吃中饭吧。
太郎：嗯，好啊。交换一下联系方式吧。
小樱：嗯。

モデル会話5（A：キング君／B：タロー君）　　🔊 no.11

キング君：ここ、いいっすか。
タロー君：あっ、はい。
キング君：大学、おんなじっすよね。
タロー君：そうですね。たしかキング君でしたっけ？
キング君：えっ、なんで知ってるんすか。
タロー君：いや、自己紹介が印象的でしたので…。
キング君：えっ、そうでした？名前聞いてもいいっすか？
タロー君：タローです。経営学部の1年です。
キング君：あっ、①タメじゃん！じゃ、敬語じゃなくていいよな？
タロー君：うん、いいよ。
キング君：②うちの大学って、都心にあんのはいいけど、駅から遠くてめんどくせーよな。
タロー君：うん。③電車込むし、昼ご飯安いとこ少ないし。
キング君：だよな。せっかく知り合いになったし、④今度昼メシ、一緒に食おうぜ。
タロー君：うん、いいね。連絡先とか交換しよっか。
キング君：うん。

🔊 ドリル②

モデル会話の中の①〜④を入れ替えて、好きなキャラになりきって話してみよう。

(1)　①同じ年じゃないですか。
　　　②このお店はあまりきれいではありませんが、食べ物がおいしいです。
　　　③駅から近いですし、店員も親切な人ですし。
　　　④また今度昼に来ましょう。

(2)　①同じ学年じゃないですか。
　　　②あそこにいるヤマダ先輩は話しかけにくい感じですが、実は優しいです。
　　　③よく相談にのってくれますし、いつも元気ですし。
　　　④今度先輩と3人で飲みましょう。

おんなじ＝同じ　　〜すか➡コラム p.41　　タメ：same year/ 同年　　じゃん➡表現ノート p.15　　よな➡コラム p.41
めんどくせー➡コラム p.53　　昼メシ＝昼ご飯　　食う＝食べる　　とか➡表現ノート p.24　　学年：grade level/ 学年
話しかける：to start a conversation/ 攀談、搭話　　実は：actually/ 事実上　　相談にのる：to listen to someone's problems/ 商量

➡ フローチャート

フローチャートを見ながら、練習をしたり、会話の流れを確認したりしよう。

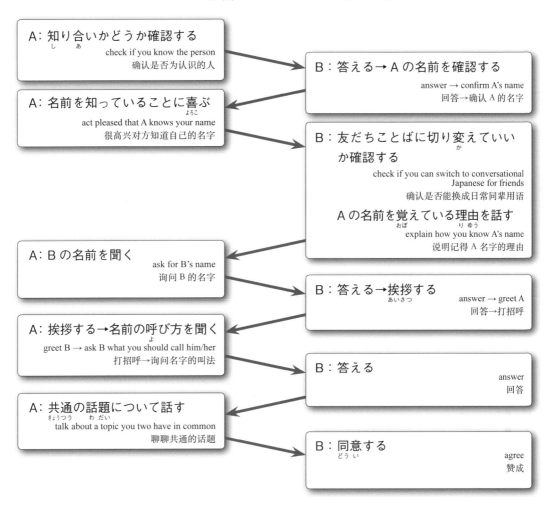

ロールプレイ①

ロールプレイカードAまたはBを見て、好きなキャラになって練習しよう。

A	B
同じ授業を取っているBに会いました。声をかけてください。仲良くなるために名前の呼び方を聞いてください。取っている授業の話をしてください。	Aがあなたに話しかけます。最初は「ですますことば」で話して、その後「友だちことば」を使っていいか聞いて話してください。

ワークシート①

ロールプレイカードだけで練習するのが難しいときはワークシートを使って、練習しよう。

A：あっ。

B：あっ、どうも。

A：たしか_____ですよね。

B：そうですね。たしか_____？

A：えっ、そうだけど。なんで知ってるんですか。

B：_____。

A：うん、もちろん。

B：_____から。

A：そっかー。_____。

B：_____。

A：うん、よろしくね。_____？

B：_____でいいよ。

A：うん。_____。

B：そうだね。

A：じゃ、_____。

B：うん。_____。

A: You run into B, who in in your class. Start a conversation. Ask B what you should call him/her. Talk about the class that you two are taking.
A: 遇到修同一门课的B。跟他搭话。为拉近距离，问对方如何称呼。聊聊选的课。

B: A starts a conversation with you. First, use polite speech, and then ask if you can use casual conversation speech.
B: A来跟你说话。一开始用"ですます体"，之后问他是否可以用"日常同辈用语"说话。

🗒 ロールプレイ②

ロールプレイカードAまたはBを見て、好きなキャラになって練習しよう。

A	B
話をしたことがない同じ大学のBに会いました。となりに座っていいか聞いてください。その後「友だちことば」で話していいか聞いてください。Bとあなたの共通点を見つけて話して、昼ご飯に誘ってください。	Aがあなたに話しかけます。Aとあなたの共通点を見つけて話をしてください。

🗒 ワークシート②

ロールプレイカードだけで練習するのが難しいときはワークシートを使って、練習しよう。

A：＿＿＿＿＿＿＿＿＿＿＿＿＿＿＿＿＿。

B：あっ、はい。

A：＿＿＿＿＿＿＿＿＿＿＿＿＿＿＿＿＿＿＿＿。

B：そうですね。たしか＿＿＿＿＿＿＿＿＿＿＿＿＿＿＿？

A：えっ、なんで知ってるんですか。

B：いや、＿＿＿＿＿＿＿＿＿＿＿＿＿＿＿ので…。

A：えっ、そうでしたか。＿＿＿＿＿＿＿＿＿＿＿＿＿＿＿。

B：Bです。＿＿＿＿＿＿＿＿＿＿＿＿＿です。

A：あっ、同じ学年！＿＿＿＿＿＿＿＿＿＿＿＿＿＿＿？

B：うん、いいよ。

A：＿＿＿＿＿＿＿＿＿＿＿＿＿＿＿＿＿＿＿＿＿＿＿＿＿＿＿＿？

B：うん。＿＿＿＿＿＿＿＿＿＿＿＿＿＿し、＿＿＿＿＿＿＿＿＿＿＿＿＿し。

A：だよね。せっかく知り合いになったし、＿＿＿＿＿＿＿＿＿＿＿＿＿＿＿＿＿。

B：うん、いいね。連絡先、交換しよっか。

A：うん。

A: You run into B, who is from your university. You have never spoken to B before. Ask if you can sit next to him/her. Find things you two have in common. Afterwards, invite B to lunch.

A: 遇到没说过话、同一所大学的B。询问是否能坐在他旁边，然后问他是否可以用"日常同辈用语"说话。找到B跟你的共通点并聊天，邀他吃中饭。

B: A starts a conversation with you. Find things you two have in common.

B: A来跟你说话。找出A跟你的共通点，并跟他聊天。

表現ノート

▶ たしか

話しことば。以前には知っていたのに忘れてしまったことを思い出そうとするときに使います。スケジュールを思い出して「たしか、明日はバイトがある」のように使います。

▶ たしか花ちゃんでしたっけ？

話しことば。「過去形＋っけ」の形で、知っていたのに忘れてよくわからなくなってしまったことについて、確認するときに使います。「たしか」という表現と一緒に使われることが多いです。友だちには「普通形の過去形＋っけ」を使います。

▶ えっと

話しことば。話し始めるときに何を話すか考えていることを示すのに使います。

▶ そっかー

友だちことば。正式には「そうか」です。相手の話を理解したことを伝えたいときに使います。下降のイントネーションで発話します。

▶ そうだね

話しことば。

▶たしか
Casual conversational speech. You use it when you are recalling something that you had forgotten. For example, if you recall that you were working the following day, you would say,「たしか、明日はバイトがある」("I recall now that I have a part-time job tomorrow.").

▶たしか花ちゃんでしたっけ？
Casual conversational speech.「過去形＋っけ」It is used to recall something that you had forgotten. It is often used with「たしか」.「普通形の過去形＋っけ」is used for friends.

▶えっと
Casual conversational speech. Used when one is thinking about what to say next.

▶そっかー
Casual speech for friends. The standard form is「そうか」. Used with a falling intonation, the phrase conveys that one has understood the other person's message.

▶そうだね
Casual conversational speech.

▶たしか
口语。用在希望想起以前知道却忘记的事情之时。如回想自己的行程时说"たしか、明日はバイトがある（的确，明天好像有打工呢。）"。

▶たしか花ちゃんでしたっけ？
口语。用"过去形＋っけ"的形式来确认知道却忘记且搞不清楚的事情。多与"たしか"一起使用。对朋友说话时用"普通形的过去形＋っけ"。

▶えっと
口语。用来表示一开口说话时，思考要说些什么的情况。

▶そっかー
日常同辈用语。正式说法为"そうか"。用于表达理解了对方说的话，发下降调。

▶そうだね
口语。

▶～だよね？ みんな

友だちことば。確認をするときに使います。よく「たしか」と一緒に「たしか～だよね」のように使います。

▶知って<u>ん</u>のー？
▶知って<u>ん</u>ですか？

友だちことば。正式には「なんで知っているの？」です。ここでは「知ってるのー？」の「る」が「ん」に変わっています。「知ってんですか？」は「る」がなくなっています。「る」の代わりに「ん」を使ったり、「る」を抜かすことで、友だち同士ではカジュアルな印象を与えますが、それ以外の人には軽い印象を与えることがあります。主に男性やギャル子のような女性が使います。

▶協力しよ みんな

友だちことば。正式には「協力しよう」です。ここでは「しよう」が短くなって「しよ」と使っています。

▶そうっすね

友だちことば。正式には「そうですね」です。「普通形＋っす」の形で、主にキング君やヤマダ先輩のような男性が使います。友だちことばですが、先輩後輩のような近い関係で、敬語ではない丁寧な表現として使います。

▶～だよね？
Casual speech for friends. Used to confirm something with friends. Often used in combination with「たしか」, as in「たしか～だよね」.

▶知ってんのー？
▶知ってんですか？
Casual speech for friends. The standard form is「なんで知っているの？」. Here,「知ってんのー？」is the result of「る」changing to「ん」. In「知ってんですか？」, the「る」is dropped. It is common for friends to use「ん」instead of「る」, or to drop the「る」. This expression is used to convey familiarity, but it may sound too casual for first encounters. It is mainly used by men and by women like Gyaruko.

▶協力しよ
Casual speech for friends. The standard form is「協力しよう」.「しよ」is the shortened form of「しよう」.

▶そうっすね
Casual speech for friends. The standard form is「そうですね」. The form「普通形＋っす」is used by men like King and Yamada. It is mainly used in senpai-kohai (upperclassmen-lowerclassmen) relations. It is not considered a keigo, but it is respectful.

▶～だよね？
日常同辈用语。用于确认之时。跟"たしか"一起，常以"たしか～だよね"的形式出现。

▶知ってんのー？
▶知ってんですか？
日常同辈用语。正式说法为"なんで知っているの？"。这里"知ってるのー？"的"る"变成"ん"。"知ってんですか？"的"る"消失时，会用"ん"代替"る"或是索性省略"る"。用在朋友之间，给人一种随性的感觉，但是对其他人使用时，会让人觉得有些随便。主要是男性用语，像小辣妹那样的女生也会使用。

▶協力しよ
日常同辈用语。正式说法为"協力しよう"。这里把"しよう"缩短为"しよ"。

▶そうっすね
日常同辈用语。正式说法为"そうですね"。"普通形＋っす"的形式为小金或山田学长这样的男性的用语。多用在学长、学弟这种亲近的关系中，虽为同辈用语不算敬语，但是是种礼貌的表现。

▶だな

友だちことば。正式には「そうだね」です。ここでは相手の言ったことに同意する意味です。「な」は主にキング君やヤマダ先輩のような男性が使います。

▶交換しよっか

友だちことば。正式には「～しようか」です。一緒に何かしましょうと誘うときに使います。「しようか」が短くなって「しよっか」と言います。

▶だな
Casual speech for friends. The standard form is 「そうだね」. Used to show agreement. As with 「な」 is mainly used by men such as King and Yamada.

▶交換しよっか
Casual speech for friends. The standard form is 「～しようか」. Used to invite someone to do something. 「しよっか」 is the shortened form of 「しようか」.

▶だな
日常同辈用语。正式说法为"そうだね"。在这里表示赞同对方说的话。"な"主要为小金或山田学长这样的男性使用。

▶交換しよっか
日常同辈用语。正式说法为"～しようか"。用于邀请别人一同做某事之时。"しよっか"是缩短"しようか"而来的。

男ことば：language used by men/ 男性用語　　～として：as the ~/ 作为～　　おまえ：you (used to refer to someone the same age as you or younger)/ 你（对同辈或晚辈的称谓）　　相手：partner/ 对方　　確認する：to confirm/ 确认　　やや：rather/ 稍微　　印象：impression/ 印象　　与える：to give/ 给　　省略する：to omit/ 省略　　呼びかける：to call out/ 打招呼　　関東地方（地域の名前）：Kanto region (place name)/ 关东地区（地区名）　　主に：mainly/ 主要　　若者：youth/ 年轻人　　表す：to express/ 表示

Column　男ことば――キング君の話し方

　ここではキング君の話し方について紹介します。どのような話し方をするのかLesson 3のモデル会話を見てみましょう。

> 「今日、月曜日だよな？」「おまえも食べるよな？」のように、「よな」は相手に確認するときに使います。男ことばで、タロー君やヤマダ先輩も使いますが、やや強い印象を与えるので、タロー君の場合は「よね」のほうが合います。

> 男ことばとして、「です」の代わりに「っす」を使うことがあります。「大丈夫です」が「大丈夫っす」に、「キングです」が「キングっす」のようになります。キング君のような男性が使います。

> 「です」の「で」が省略されて「す」になっています。「大丈夫です」が「大丈夫っす」に、「誰ですか」が「誰っすか」のようになります。

キング君：ここ、いいっすか。
タロー君：あっ、はい。
キング君：大学、おんなじっすよね。
タロー君：そうですね。たしかキング君でしたっけ？
キング君：えっ、なんで知ってるんすか。
タロー君：いや、自己紹介が印象的でしたので…。
キング君：えっ、そうでした？名前聞いてもいいっすか？
タロー君：タローです。経営学部の1年です。
キング君：あっ、①タメじゃん！じゃ、敬語じゃなくていいよな？
タロー君：うん、いいよ。
キング君：②うちの大学って、都心にあんのはいいけど、駅から遠くてめんどくせーよな。
タロー君：うん。③電車込むし、昼ご飯安いとこ少ないし。
キング君：だよな。せっかく知り合いになったし、④今度昼メシ、一緒に食おうぜ。
タロー君：うん、いいね。連絡先とか交換しよっか。
キング君：うん。

> 「ぜ」は男ことばで、「サッカーしようぜ」「行こうぜ」のように、相手に呼びかけるときに使われます。キング君のような男性は使いますが、タロー君なら「行こうよ」のように「よ」を使います。

> 「じゃん」は関東地方で、主に若者が使います。ここでは、びっくりしたことを表しています。たとえば、料理が下手だと思っていた人が作ってくれた料理がおいしかったときに「おいしいじゃん！」と言います。

LESSON 3
えっと、タメ語でもいいっすか？――「ですますことば」から「友だちことば」に変えて話していいか確認する

➡ p.40

やっぱヨーロッパのチーズが一番だよな!

自分のおすすめをアピールする

　Lesson 4 では自分のおすすめをアピールする話し方を勉強します。また、相手の気分が悪くならないように気をつけながら、自分の意見を言う練習をします。

! これができる

1. 自分のおすすめをアピールすることができる。
2. 相手を認めつつ、自分の意見を言うことができる。

---

① You will be able to make recommendations.
② You will be able to acknowledge others' opinions and state your own.

① 能推荐自己觉得不错的事物。
② 认同对方的同时，也能表达自己的意见。

？ ウォームアップ

- あなたの国が本場や発祥の食べ物はありますか。日本でそれを食べたことがありますか。どうでしたか。
- 友だちと意見や考えが違うとき、それをどうやって伝えますか。

⚡ キーフレーズ

1 自分のおすすめをアピールする。

▶やっぱりヨーロッパのチーズが一番でしょ！

▶やっぱりヨーロッパのチーズが一番だよね！

▶やっぱヨーロッパのチーズが一番だよな！

2 相手を認めつつ、自分の意見を言う。

▶そうだね。でも、チーズといえば、ヨーロッパが本場じゃない？

▶確かに。だけど、チーズといえば、ヨーロッパが本場だよね？

▶まあな。だけど、チーズといえば、ヨーロッパが本場だろ？

本場：home (where something originated)/ 发源地、正宗　　発祥：birthplace/ 发祥　　考え：thoughts/ 想法

友だちことばにしよう

「ですますことば」を「友だちことば」にしてみよう。

(1) やはりヨーロッパのチーズが一番ですよね。
　　→花ちゃん　＿＿＿＿＿＿＿＿＿＿＿＿＿＿＿＿＿＿＿＿＿＿＿＿＿＿＿＿＿

　　→桜さん　　＿＿＿＿＿＿＿＿＿＿＿＿＿＿＿＿＿＿＿＿＿＿＿＿＿＿＿＿＿

　　→ヤマダ先輩　＿＿＿＿＿＿＿＿＿＿＿＿＿＿＿＿＿＿＿＿＿＿＿＿＿＿＿

(2) そうですね。しかし、チーズといえば、ヨーロッパが本場ですよね。
　　→花ちゃん　＿＿＿＿＿＿＿＿＿＿＿＿＿＿＿＿＿＿＿＿＿＿＿＿＿＿＿＿＿

　　→桜さん　　＿＿＿＿＿＿＿＿＿＿＿＿＿＿＿＿＿＿＿＿＿＿＿＿＿＿＿＿＿

　　→ヤマダ先輩　＿＿＿＿＿＿＿＿＿＿＿＿＿＿＿＿＿＿＿＿＿＿＿＿＿＿＿

LESSON 4

やっぱヨーロッパのチーズが一番だよな！──自分のおすすめをアピールする

真似して言ってみよう

モデル会話1（A：花ちゃん／B：タロー君） 🔊 no.12

花ちゃんとタロー君が食べ物について話しています。

花ちゃん：やっぱり①ヨーロッパのチーズが一番でしょ！
タロー君：えー、でも日本の②チーズもうまいよね？
花ちゃん：そうだね。でも、③チーズといえば、ヨーロッパが本場じゃない？
タロー君：まあね。
花ちゃん：日本のは④種類が少ないし、特徴がないかなあ…。
タロー君：かもね。
花ちゃん：でしょ？
タロー君：だけど、日本のは⑤くせがないし、いろんな食べ物に合うよ。
花ちゃん：そんなにおすすめなら、今度食べてみたいな。
　　　　　タロー君のおごりでよろしくね。
タロー君：えっ、いいけど…。

Hana and Taro are talking about food.

Hana: ① European cheese is the best!
Taro: Really? ② But Japanese cheese is also good.
Hana: That's true. ③ But the birthplace of cheese is Europe, yeah?
Taro: I guess you can say that.
Hana: In Japan, ④ there isn't a lot of variety and it's nondescript.
Taro: Maybe.
Hana: Right?
Taro: Still, Japanese cheese is ⑤ mild and go with many different kinds of food.
Hana: If you really recommend it, I want to try some. And it's your treat, right?
Taro: What? Okay.

小花和太郎谈论食物。

小花：还是①欧洲的奶酪最好吃吧！
太郎：是吗？但是日本的②奶酪也不错啊。
小花：嗯。不过③奶酪的发源地不是欧洲吗？
太郎：也是啦。
小花：日本的④种类少，也没什么特色。
太郎：也许吧。
小花：对吧？
太郎：不过，日本的⑤是大众口味，适合各种食物。
小花：你这么推荐的话，下次我吃吃看。太郎请客。
太郎：什么？可以啊……。

モデル会話2（A：桜さん／B：ギャル子）　　　　　　　　　　　　🔊 no.13

桜さん　　：やっぱり①ヨーロッパのチーズが一番だよね！
ギャル子：えー、でも日本の②チーズもうまいんじゃね？
桜さん　　：確かに。だけど、③チーズといえば、ヨーロッパが本場だよね？
ギャル子：まあね。
桜さん　　：日本のは④種類が少ないし、特徴がないっていうか…。
ギャル子：かもね。
桜さん　　：だよね？
ギャル子：だけど、日本のは⑤くせないしー、いろんな食べ物に合う感じ。
桜さん　　：そんなにおすすめなら、今度食べてみたい。
　　　　　　ギャル子ちゃんのおごりでよろしく。
ギャル子：えっ、その流れ？

モデル会話3（A：ヤマダ先輩／B：キング君）　　　　　　　　　　🔊 no.14

ヤマダ先輩：やっぱ①ヨーロッパのチーズが一番だよな！
キング君　：えー、でも日本の②チーズもうまいじゃないっすか？
ヤマダ先輩：まあな。だけど、③チーズといえば、ヨーロッパが本場だろ？
キング君　：そうっすね。
ヤマダ先輩：日本のは④種類が少ねーし、特徴がねーっていうか…。
キング君　：かも。
ヤマダ先輩：だろ？
キング君　：だけど、日本のは⑤くせねーし、いろんな食い物に合うんっすよ。
ヤマダ先輩：そんなにすすめんなら、今度食べようぜ。
　　　　　　キング君のおごりでよろしくな。
キング君　：何っすか、それ？

確かに：That's true./的确　　だけど：but/不过　　やっぱ＝やはり　　っす➡コラム p.41　　そうっすね➡表現ノート p.39
少ねー➡コラム p.53　　食い物＝食べ物　　〜ぜ➡コラム p.41

🔊 ドリル

モデル会話の中の①～⑤を入れ替えて、好きなキャラになりきって話してみよう。

(1) 　①イタリアのピザがいいです。
　　　②ピザもおいしいです。
　　　③ピザといえば、イタリアが本場ではないですか。
　　　④具が入りすぎていますし、ピザらしくありません。
　　　⑤たくさん野菜も入っていますし、いろいろな味が楽しめる感じがします。

(2) 　①中国のウーロン茶が一番おいしいです。
　　　②緑茶もいいです。
　　　③お茶といえば、中国が発祥ではないですか。
　　　④味も特徴がありませんし、年寄りくさいです。
　　　⑤緑茶にもいろいろなフレーバーがありますし、体にいいです。

イタリア（国名）：Italy (country name)/ 意大利（国名）　　ピザ：pizza/ 比萨饼　　具：topping/ 馅料　　～すぎ（入りすぎ）：too ~/ 太～（放太多）　　～らしい（ピザらしい）：It's how a pizza should be., It's authentic./ 像～（像比萨饼一样）　　楽しめる：can enjoy/ 能欣赏、能享受　　中国（国名）：China (country name)/ 中国（国名）　　ウーロン茶：oolong tea/ 乌龙茶　　緑茶：green tea/ 绿茶　　年寄りくさい：like an old person/ 老气　　フレーバー：flavor/ 风味、香味

→ フローチャート

フローチャートを見ながら、練習をしたり、会話の流れを確認したりしよう。

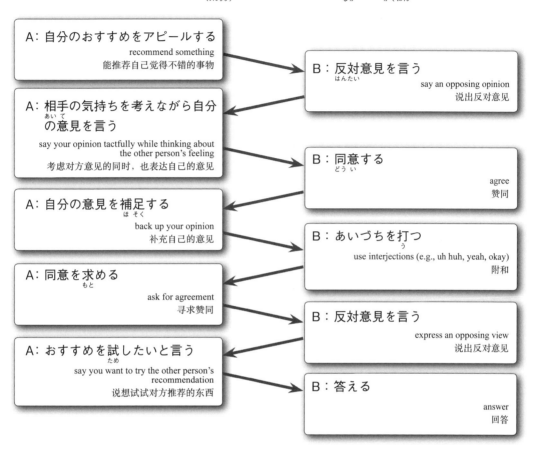

LESSON 4 やっぱヨーロッパのチーズが一番だよな！――自分のおすすめをアピールする

🔲 ロールプレイ

ロールプレイカードAまたはBを見て、好きなキャラになって練習しよう。

A	B
二つのものを比べながらどちらかをアピールしてください。Bの考えも認めつつ、自分の考えを言ってください。	Aの考えを聞いて、Aの考えも認めつつ、自分の考えを言ってください。

🔲 ワークシート

ロールプレイカードだけで練習するのが難しいときはワークシートを使って、練習しよう。

A：やっぱり＿＿＿＿＿＿＿＿＿＿＿＿＿＿＿＿＿＿＿！

B：＿＿＿＿＿＿＿＿＿＿＿＿＿＿＿＿＿？

A：そうだね。でも、＿＿＿＿＿＿＿＿＿＿＿＿＿＿？

B：まあね。

A：＿＿＿＿＿＿＿＿＿＿＿＿＿＿＿＿＿かなあ…。

B：かもね。

A：でしょ？

B：だけど、＿＿＿＿＿＿＿＿＿＿＿＿＿＿＿＿。

A：そんなにおすすめなら、＿＿＿＿＿＿＿＿＿＿＿＿＿＿＿＿＿＿＿＿＿。

B：えっ、いいけど…。

A: Choose two things and compare them. While acknowledging B's opinions, state your own.
A: 比较两样事物的同时，力推其中一个。认同B的说法并同时表达自己的想法。

B: While acknowledging A's opinions, state your own.
B: 听A怎么想，认同A的想法，并同时说明自己的想法。

表現ノート

▶まあね　みんな

▶かもね／かも　みんな

　友だちことば。正式には「まあ、あなたの言うとおりかもしれないね」です。相手の意見と反対の意見を言う前に、相手の意見もいいことを示すためにこの表現を使います。省略して「まあね」「かもね」のように使っています。

▶でしょ？

▶だよね？

▶だろ？

　友だちことば。正式には「私の言ったとおりでしょう？」「僕の／俺の言ったとおりだろう？」です。「でしょう」を省略して「でしょ」と言います。また「だろう？」を省略して「だろ」「だよね」と言っています。「だろ」は主に男性が使います。

▶えっ、いいけど…　みんな

　友だちことば。「えっ」は驚いたときに使う表現です。「えっ、いいけど…」は「えっ、いいけど、どうして？」という意味です。相手から何か頼まれて戸惑ったときに使います。

▶まあね
▶かもね／かも
Casual speech for friends. The standard form is 「まあ、あなたの言うとおりかもしれないね」, which is used to acknowledge that your partner's opinion has merits before you state your own. It is abbreviated to 「まあね」 or 「かもね」.

▶でしょ？
▶だよね？
▶だろ？
Casual speech for friends. The standard form is 「私の言ったとおりでしょう？」 (both used by men and women), or 「僕の／俺の言ったとおりだろう？」 ("I told you so." -- male version). 「でしょう」 is shortened to 「でしょ」. 「だろう？」 is shortened to 「だろ」 or 「だよね」. 「だろ」 is mainly used by men.

▶えっ、いいけど…
Casual speech for friends. 「えっ」 is an interjection used to express surprise. 「えっ、いいけど…」 is short for 「えっ、いいけど、どうして？」 ("What? Okay, but why?"). It is used when one is surprised by a favor someone has asked.

▶まあね
▶かもね／かも
日常同辈用语。正式说法为"まあ、あなたの言うとおりかもしれないね"。先认同对方意见之后再反对其意见时用这个表现。可省略成"まあね"或"かもね"。

▶でしょ？
▶だよね？
▶だろ？
日常同辈用语。正式说法为"私の言ったとおりでしょう？"，"僕の／俺の言ったとおりだろう？"。"でしょう"可缩短为"でしょ"。另外，"だろう？"也可缩短为"だろ"、"だよね"。"だろ"主要为男性用语。

▶えっ、いいけど…
日常同辈用语。"えっ"是表示惊讶时使用的表现。带有"えっ、いいけど…（什么？可以啊……。）"、"えっ、いいけど、どうして？（啊？可以是可以，为什么？）"之意。用在对于对方的要求感到困惑之时。

▶えっ、その流れ？　　みんな

友だちことば。「えっ、どうしてそのような話の流れになる？」という意味です。相手の言ったことに戸惑ったり、納得できないときに使います。

▶何っすか、それ？

友だちことば。正式には「何ですか、それは」です。「何でそういうことになるのか」という意味です。相手の言ったことに戸惑ったり、納得できないときに使います。女性が使う場合は「何（ですか）、それ？」と言います。

▶えっ、その流れ？
Casual speech for friends. It is short for「えっ、どうしてそのような話の流れになる？」("What? How did that happen?"). Used to express surprise or doubt at what your partner told you.

▶何っすか、それ？
Casual speech for friends. The standard form is「何ですか、それは」. It means「何でそういうことになるのか」. Used to express surprise or doubt at what your partner said. Women say「何（ですか）、それ？」.

▶えっ、その流れ？
日常同辈用语。表示"えっ、どうしてそのような話の流れになる？（啊？怎么说成这样？）"之意。用在对对方说的话感到困惑或不赞同之时。

▶何っすか、それ？
日常同辈用语。正式说法为"何ですか、それは"，表示"何でそういうことになるのか（怎么会变成那样？）"之意。用在对对方说的话感到困惑或不赞同之时。女性使用时，会说成"何（ですか）、それ？"。

Column 友だちことばで使ういい形容詞の短縮形

　ギャル子、キング君、ヤマダ先輩が話すときにい形容詞を短くすることがあります。花ちゃんと桜さんはあまり使いません。この本に出てくるい形容詞を中心に友だちことばで使ういい形容詞の短縮形を紹介します。

	最後の「I」の前に「A」があるい形容詞	伸ばすタイプ AI→EE	短くするタイプ AI→Iを取る
Aグループのい形容詞	うまい UMAI	うめー UMEE	うま UMA
	でかい DEKAI	でけー DEKEE	でか DEKA
	こわい KOWAI	こえー KOEE	こわ KOWA

	最後の「I」の前に「O」があるい形容詞	伸ばすタイプ OI→EE	短くするタイプ OI→Iを取る
Oグループのい形容詞	すごい SUGOI	すげー SUGEE	すご SUGO
	おもしろい OMOSHIROI	おもしれー OMOSHIREE	おもしろ OMOSHIRO
	かっこいい KAKKOII	かっけー KAKKEE	

	最後の「I」の前に「U」があるい形容詞	伸ばすタイプ UI→II	短くするタイプ UI→Iを取る
Uグループのい形容詞	まずい MAZUI	まじー MAZII	まず MAZU
	さむい SAMUI	さみー SAMII	さむ SAMU
	だるい DARUI	だりー DARII	だる DARU

	最後の「I」の前に「I」があるい形容詞		
Iグループのい形容詞	ほしい HOSHII		
	たのしい TANOSHII		
	かなしい KANASHII		

短縮形：abbreviated form/ 缩略形　　い形容詞：i-adjective/ い形容詞　　〜を中心に：mainly/ 以〜为中心　　伸ばす：to elongate/ 拉长　　子音：consonant/ 子音

あの…、もしよかったら、ランチ付き合ってもらえるとうれしいんだけど…。

控えめに食事に誘う

友だちともっと仲良くなりたいとき、どうしますか。Lesson 5 では友だちを食事に誘う練習をしてみましょう。曖昧な表現を上手に使う方法も勉強します。

！ これができる

1 控えめに食事に誘うことができる。
2 相手のことを考えて苦手な食べ物を聞くことができる。
3 相手が予定を変更しやすいように、都合を考えて話すことができる。

① You will be able to invite someone to lunch in a casual way.
② You will be able to ask someone about foods he/she doesn't like.
③ You will be able to let your partner know that it is fine to reschedule for a later date.

① 能婉转地邀请他人吃饭。
② 能考虑到对方，询问他们不爱吃的食物。
③ 能考虑到他人的时间，让人家方便更改计划。

? ウォームアップ

- 今まで食事をしたことがない人を食事に誘うとき、どこに行きますか。
- 友だちと食事に行くとき、相手の好みや苦手な食べ物を気にしますか。

⚡ キーフレーズ

1 控えめに食事に誘う。
- ▶あの…、もしよかったら、ランチ付き合ってもらえるとうれしいんだけど…。
- ▶あのさ…、もしよかったら、ランチ付き合うとかどう?
- ▶あの…、もしよかったら、昼メシ付き合わねえ?
- ▶あの…、もしよかったら、昼メシどう?

2 相手のことを考えて苦手な食べ物を聞く。
- ▶何か苦手な食べ物とかある?
- ▶何か苦手な食べ物とかあったりする?
- ▶何か苦手な食いもんとかある?
- ▶何か苦手な食べ物とか?

3 相手が予定を変更しやすいように、都合を考えて話す。
- ▶もし都合悪くなったら、リスケしよう！
- ▶もし都合が悪くなったら、リスケしようぜ！
- ▶もし都合が悪くなったら、もう一度連絡し合おう／合いましょう！

誘う：to invite/ 邀请　　相手：partner/ 对方　　好み：likes, preferences/ 喜好　　苦手(な)：dislikes/ 不擅长(的)、不喜欢(的)
気にする：to worry about, to think about/ 介意

友だちことばにしよう

「ですますことば」を「友だちことば」にしてみよう。

(1) あの…、もしよかったら、ランチに付き合ってもらえるとうれしいんですが…。
　　→花ちゃん　＿＿＿＿＿＿＿＿＿＿＿＿＿＿＿＿＿＿＿＿＿＿＿＿＿

　　→ギャル子　＿＿＿＿＿＿＿＿＿＿＿＿＿＿＿＿＿＿＿＿＿＿＿＿＿

　　→キング君　＿＿＿＿＿＿＿＿＿＿＿＿＿＿＿＿＿＿＿＿＿＿＿＿＿

　　→ヤマダ先輩　＿＿＿＿＿＿＿＿＿＿＿＿＿＿＿＿＿＿＿＿＿＿＿

(2) 何か苦手な食べ物などがありますか。
　　→花ちゃん　＿＿＿＿＿＿＿＿＿＿＿＿＿＿＿＿＿＿＿＿＿＿＿＿＿

　　→ギャル子　＿＿＿＿＿＿＿＿＿＿＿＿＿＿＿＿＿＿＿＿＿＿＿＿＿

　　→キング君　＿＿＿＿＿＿＿＿＿＿＿＿＿＿＿＿＿＿＿＿＿＿＿＿＿

　　→ヤマダ先輩　＿＿＿＿＿＿＿＿＿＿＿＿＿＿＿＿＿＿＿＿＿＿＿

(3) もし都合が悪くなりましたら、もう一度連絡し合いましょう。
　　→タロー君　＿＿＿＿＿＿＿＿＿＿＿＿＿＿＿＿＿＿＿＿＿＿＿＿＿

　　→キング君　＿＿＿＿＿＿＿＿＿＿＿＿＿＿＿＿＿＿＿＿＿＿＿＿＿

　　→花ちゃん　＿＿＿＿＿＿＿＿＿＿＿＿＿＿＿＿＿＿＿＿＿＿＿＿＿

LESSON 5

あの…、もしよかったら、ランチ付き合ってもらえるとうれしいんだけど…。——控えめに食事に誘う

真似して言ってみよう

モデル会話1（A：花ちゃん／B：タロー君）　🔊 no.15

　タロー君が教室を出ていこうとすると、花ちゃんが声をかけます。

花ちゃん：あっ、あの、タロー君くん。
タロー君：うん？何？
花ちゃん：あの…、もしよかったら、①ランチ付き合ってもらえるとうれしいんだけど…。
タロー君：①ランチ？
花ちゃん：うん。もし大丈夫だったら、②この後とかどう？
タロー君：今日はこの後バイトだから、来週の月曜とかどう？
花ちゃん：うん、来週の月曜ね。場所どうしよっか、③学食…？
タロー君：せっかくだから、④外、出よう！
花ちゃん：うん！⑤あっ、何か苦手な食べ物とかある？
タロー君：うーんと、⑥納豆。
花ちゃん：へえー、そうなんだね。
タロー君：うん。
花ちゃん：えっと、じゃ、⑦駅前のカフェにしよっか？
タロー君：いいね。
花ちゃん：じゃ、現地集合ね。
タロー君：うん。もし都合悪くなったら、リスケしよう！
花ちゃん：ありがとう。

Hana approaches Taro as he is about to leave the classroom.

Hana: Um, Taro.
Taro: Yeah? What?
Hana: Um, if you like, ① shall we go out to lunch?
Taro: ① Lunch?
Hana: Yeah. If you're free, ② what about right after this?
Taro: Today I have my part-time job. What about sometime like next Monday?
Hana: Okay. Next Monday. As for the place... ③ what about the cafeteria?
Taro: Since we have this opportunity, ④ why not eat off-campus?
Hana: Okay. ⑤ Oh, is there anything you can't eat?
Taro: Um, ⑥ natto.
Hana: Oh really.
Taro: Yeah.
Hana: Um. So ⑦ what about the café in front of the station?
Taro: Sounds good.
Hana: Let's meet there.
Taro: Okay. If something comes up, we can reschedule!
Hana: Thanks.

太郎想走出教室时，小花叫住了他。

小花：啊，那个，太郎。
太郎：啊？干嘛？
小花：那个……，有时间的话，①要不要一起吃个中饭？
太郎：①中饭？
小花：嗯。如果你方便的话，②之后有时间吗？
太郎：今天下课后打工，下个星期一，行不行？
小花：好，下个星期一，是吧。去哪里吃呢？③学生食堂…？
太郎：难得有这个机会，④就去外面吃吧！
小花：好！⑤对了，你有没有什么不吃的？
太郎：嗯～，⑥纳豆。
小花：哈？纳豆哦。
太郎：嗯。
小花：好吧，那⑦到车站前面的餐厅吃吧。
太郎：听起来不错。
小花：那，我们就约在那里。
太郎：嗯。如果你突然有事的话，就再约别的时间吧！
小花：谢谢。

モデル会話2 （A：ギャル子／B：キング君）

 no.16

ギャル子：あっ、ちょっ待ち、キング君。
キング君：えっ、何？
ギャル子：あのさ…、もしよかったら、①ランチ付き合うとかどう？
キング君：①ランチ？
ギャル子：うん。もしオッケーなら、②この後とか？
キング君：今日はこの後バイトだから、来週の月曜とか？
ギャル子：いいねー、来週の月曜。場所どうするー、③学食…？
キング君：まじで？④外、出ようぜ！
ギャル子：うん。⑤あっ、何か苦手な食べ物とかあったりする？
キング君：えっと、⑥野菜。
ギャル子：へえー、ウケるー。
キング君：えっ、まじ？
ギャル子：えっと、じゃ、⑦駅前のカフェとか？
キング君：了解。
ギャル子：じゃ、現地集合で。
キング君：うん。もし都合が悪くなったら、リスケしようぜ！
ギャル子：サンキュー。

あの…、もしよかったら、ランチ付き合ってもらえるとうれしいんだけど…。——控えめに食事に誘う

あのさ➡表現ノートp.99　とか➡表現ノートp.24　オッケー➡表現ノートp.24　〜ぜ➡コラムp.41　まじ➡表現ノートp.11　了解：Great/ 了解　サンキュー➡表現ノートp.25

モデル会話3（A：キング君／B：花ちゃん）　🔊 no.17

キング君：なあ、ちょっと待って、花ちゃん。
花ちゃん：えっ、何？
キング君：あの…、もしよかったら、①昼メシ付き合わねえ？
花ちゃん：①昼メシ？
キング君：うん。いやならいいけど、②この後とか？
花ちゃん：今日はこの後バイトだから、来週の月曜とかどう？
キング君：うん、来週の月曜にしようぜ。場所は…、③学食…？
花ちゃん：せっかくだから、④外で食べよう！
キング君：うん。⑤あっ、何か苦手な食いもんとかある？
花ちゃん：うーんと、⑥お肉。
キング君：えっ、そっか、そっか。
花ちゃん：うん。
キング君：うーん、じゃ、⑦駅前のカフェでいいよな。
花ちゃん：いいね。
キング君：じゃ、現地集合な。
花ちゃん：うん。もし都合が悪くなったら、もう一度連絡し合おう！
キング君：だな。

昼メシ＝昼ご飯　食いもん＝食べ物　だな➡表現ノートp.40

モデル会話4 （A：ヤマダ先輩／B：花ちゃん） 🔊 no.18

ヤマダ先輩：あっ、ちょっと待って、花ちゃん。
花ちゃん　：えっ、何ですか？
ヤマダ先輩：あの…、もしよかったら、①昼メシどう？
花ちゃん　：①昼メシ？
ヤマダ先輩：いや、ほんとにもし嫌じゃなかったら、②この後とかどう？
花ちゃん　：今日はこの後バイトだから、来週の月曜はどうですか。
ヤマダ先輩：うん、来週の月曜。場所は…、③学食…？
花ちゃん　：せっかくだから、④外で食べましょうよ！
ヤマダ先輩：うん。⑤あっ、何か苦手な食べ物とか？
花ちゃん　：うーんと、⑥お肉。
ヤマダ先輩：へえー、そう。
花ちゃん　：はい。
ヤマダ先輩：えっと、じゃ、⑦駅前のカフェどう？
花ちゃん　：いいですね。
ヤマダ先輩：じゃ、現地集合でよろしく。
花ちゃん　：はい。もし都合が悪くなったら、もう一度連絡し合いましょう！
ヤマダ先輩：そうだね。

あの…、もしよかったら、ランチ付き合ってもらえるとうれしいんだけど…。——控えめに食事に誘う

そうだね➡表現ノートp.38

🔊 ドリル

モデル会話の中の①〜⑦を入れ替えて、好きなキャラになりきって話してみよう。

(1) 　①夕食に付き合ってもらえるとうれしいんですが。
　　　②今夜などどうですか。
　　　③駅前ですか。
　　　④表参道に行きましょう。
　　　⑤あっ、何か食べられないものなどがありますか。
　　　⑥野菜です。
　　　⑦焼肉屋にしましょうか。

(2) 　①お茶に付き合ってもらえるとうれしいんですが。
　　　②今からどうですか。
　　　③すぐそこのカフェですか。
　　　④学外にしましょう。
　　　⑤あっ、何か好きな飲み物などがありますか。
　　　⑥ミルクティーです。
　　　⑦紅茶専門店にしましょうか。

夕食：dinner/ 晩餐　　表参道（地名）：Omotesando (place name)/ 表参道（地名）　　焼肉屋：yakiniku (Japanese BBQ) restaurant/ 烤肉店　　学外：off-campus/ 学校外面　　ミルクティー：tea with milk/ 奶茶

→ フローチャート

フローチャートを見ながら、練習をしたり、会話の流れを確認したりしよう。

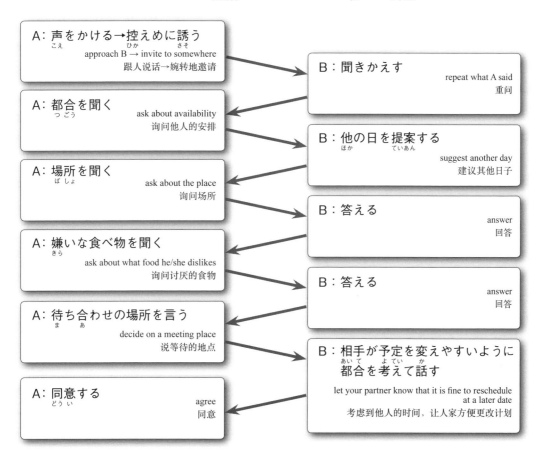

あの…、もしよかったら、ランチ付き合ってもらえるとうれしいんだけど…。——控えめに食事に誘う

🔲 ロールプレイ

ロールプレイカードAまたはBを見て、好きなキャラになって練習しよう。

A
控えめに昼ご飯に誘ってください。Bの苦手な食べ物を聞いてください。

B
昼ご飯に誘われます。時間と場所を決めてください。Aが予定を変えやすいように都合を考えて話してください。

🔲 ワークシート

ロールプレイカードだけで練習するのが難しいときはワークシートを使って、練習しよう。

A：あっ、あの、B。
B：うん？何？
A：あの…、もしよかったら、＿＿＿＿＿＿＿＿＿＿＿＿＿＿＿＿＿＿＿＿。
B：＿＿＿＿＿＿＿＿？
A：うん。もし大丈夫だったら、＿＿＿＿＿＿＿＿＿＿＿＿＿＿＿どう？
B：＿＿＿＿＿＿＿＿＿＿＿＿＿から、＿＿＿＿＿＿＿＿＿＿＿どう？
A：うん、＿＿＿＿＿＿＿＿＿＿。場所＿＿＿＿＿＿＿＿＿＿＿＿？
B：せっかくだから、＿＿＿＿＿＿＿＿＿＿＿＿！
A：うん！あっ、＿＿＿＿＿＿＿＿＿＿＿＿＿？
B：うーんと、＿＿＿＿＿＿＿＿＿＿＿＿＿。
A：へえー、そうなんだね。
B：うん。
A：えっと、じゃ、＿＿＿＿＿＿＿＿＿＿＿＿＿？
B：いいね。
A：じゃ、現地集合ね。
B：うん。もし＿＿＿＿＿＿＿＿＿＿＿＿＿＿＿＿＿＿＿！
A：＿＿＿＿＿＿＿＿＿＿＿＿。

A: Invite B to lunch. Ask what food he/she dislikes.
A: 婉转地邀请他人吃中饭。询问B不爱吃的食物。

B: You have been invited to lunch by A. Decide on a time and place. Communicate that if something comes up, it is okay to reschedule.
B: 别人邀你吃中饭。决定时间和地点。考虑A的时间，让他方便更改安排。

表現ノート

▶ せっかくだから　みんな

話しことば。この場合、「特別な機会だから（それを利用しよう）」という意味で使っています。

▶ うーんと、納豆　みんな

友だちことば。相手の質問への答えを考えているときに使います。「うーんと」は「えっと」に比べて子どもっぽく聞こえます。

▶ ちょっ待ち

友だちことば。正式には「ちょっと待って／ちょっと待ってください」です。「ちょっと待って」と言うところを「ちょっと」が「ちょっ」と短くなり、「待って（ください）」が「待ち」と短く言っています。「待ち」のような表現は、「もっと飲み」のように使われます。これらの表現を使うと、友だち同士では親しみやすさを与えますが、それ以外の人には軽い印象を与えることがあります。

▶ この後とか？　みんな

友だちことば。正式には「この後はどう／どうですか」です。

▶せっかくだから
Casual conversational speech. In this case, it means「特別な機会だから（それを利用しよう）」("Since we have this opportunity, let's do it.").

▶うーんと、納豆
Casual speech for friends. Used when thinking about an answer to a question. Compared to「えっと」,「うーんと」sounds childish.

▶ちょっ待ち
Casual speech for friends. The standard form is「ちょっと待って／ちょっと待ってください」("Wait a bit."). The「ちょっと」in「ちょっと待って」was shortened to「ちょっ」.「待って（ください）」was shortened to「待ち」. Another example is「もっと飲み」("Drink more."). This expression is used to convey familiarity, but it may sound too casual for first encounters.

▶この後とか？
Casual speech for friends. The standard form is「この後はどう／どうですか」.

▶せっかくだから
口语。这里表示"特别な機会だから（それを利用しよう）"（这是个特别的机会，（利用这个机会就～））"之意。

▶うーんと、納豆
日常同辈用语。用于思考如何回答对方提出的问题之时。跟"えっと"比起来，"うーんと"听起来比较幼稚。

▶ちょっ待ち
日常同辈用语。正式说法为"ちょっと待って／ちょっと待ってください"。"ちょっと待って"能缩短成"ちょっと"，"ちょっ"，"待って（ください）"也能缩短成"待ち"。"待ち"就像"もっと飲み"的表现一样，用在朋友之间，给人一种亲近感，但是对其他人使用时，会让人觉得有些随便。

▶この後とか？
日常同辈用语。正式说法为"この後はどう／どうですか"。

▶何か苦手な食べ物とかあったりする？　みんな

　友だちことば。正式には「何か苦手な食べ物などがある？」です。「あったりする？」という表現を使うと、ないかもしれないけれどある？と質問することでやわらかく聞こえます。他にも「休みの日に映画館に行ったりする？」などのように使います。

▶ウケるー

　友だちことば。「受ける」は本来「彼の冗談はみんなに受けた」のように使いますが、友だち同士では「それ、おもしろい」という意味で「ウケる」という動詞を使います。この表現を使うと、友だち同士では親しみやすさを与えますが、それ以外の人には軽い印象を与えることがあります。

▶そっか、そっか　みんな

　友だちことば。正式には「そうか、そうか」です。「そうか」を「そっか」と発音します。相手の話を聞いてわかったと伝えたいときに使います。2回続けて言うことで、意味が強まります。

▶何か苦手な食べ物とかあったりする？
Casual speech for friends. The standard form is 「何か苦手な食べ物などがある？」. When one uses the expression 「あったりする？」, it softens the question ("Maybe you don't have any, but do you?"). Another example is 「休みの日に映画館に行ったりする？」 ("Do you go to the movies or something on your days off?").

▶ウケるー
Casual speech for friends. 「受ける」 means "to be accepeted as funny", as in 「彼の冗談はみんなに受けた」 ("Everybody thought his joke was funny."). However, among friends, 「ウケる」 can mean 「それ、おもしろい」 ("That's funny."). This expression is used to convey familiarity, but it may sound too casual for first encounters.

▶そっか、そっか
Casual speech for friends. The standard form is 「そうか、そうか」. 「そっか」 is the shortened form. Used to convey that one has understood what the conversation partner has said. Repeating it twice serves as emphasis.

▶何か苦手な食べ物とかあったりする？
日常同辈用语。正式说法为"何か苦手な食べ物などがある？"。用"あったりする？"询问，语气比较和缓，表示也许对方没有不爱吃的食物，但还是确认一下。其他例子如"休みの日に映画館に行ったりする？（假日会不会去电影院？）"。

▶ウケるー
日常同辈用语。"受ける"原本表示"彼の冗談はみんなに受けた（大家都被他说的笑话给逗笑了）"，但"ウケる"这个动词在用在朋友之间，带有"それ、おもしろい（那个，真有意思）"之意。用在朋友之间，给人一种亲近感，但是对其他人使用时，会让人感觉有点儿随便。

▶そっか、そっか
日常同辈用语。正式说法为"そうか、そうか"。"そうか"可念成"そっか"。用在告诉对方听懂他说的话之时。连续说两次能加强语义。

Column | ギャル子の話し方

最近は男性が使う言葉と女性が使う言葉遣いは同じようになってきました。どのような印象を話し相手に与えたいか考えて、言葉遣いを選びましょう。ここではギャル子の話し方について紹介します。

> 花ちゃんが「あのね」を使っているのに対して、ギャル子は「あのさ」を使っています。ギャル子は花ちゃんや桜さんのような一般的な女子学生に比べ、男子学生に近い話し方をします。

> ギャル子はこのようにカタカナことばをよく使います。カタカナことばを使うと軽い印象があります。

ギャル子：あっ、ちょっ待ち、キング君。
キング君：えっ、何？
ギャル子：あのさ…、もしよかったら、ランチ付き合うとかどう？
キング君：ランチ？
ギャル子：うん。もしオッケーなら、この後とか？
キング君：今日はこの後バイトだから、来週の月曜とか？
ギャル子：いいねー、来週の月曜。場所どうするー、学食…？
キング君：まじで？外、出ようぜ！
ギャル子：うん。あっ、何か苦手な食べ物とかあったりする？
キング君：えっと、野菜。
ギャル子：へぇー、ウケるー。

> ギャル子はよく語尾を伸ばす話し方をします。

他にもギャル子が使っている言葉を紹介します。

特徴1） ギャル子はよく言葉を短くして話しています。
　★お疲れさま→おつー　　★協力しよう→協力しよ

特徴2） ギャル子はよく男子学生のような話し方をしています。
　★教えてくれない？→教えてくんない？　　★おいしいよね？→うまいんじゃね？

特徴3） ギャル子はよく曖昧な話し方をしています。
　★そういう仕事→そっち系（の仕事）　★いろいろな食べ物に合うね→いろんな食べ物に合う感じ

言葉遣い：wording/ 措辞、说法　　印象：impression/ 印象　　話し相手：conversation partner/ 说话对象　　与える：to give/ 给　　～に対して：in contrast to/ 对～　　一般的（な）：generally/ 通常　　女子：female/ 女性　　男子：male/ 男性　　語尾：word ending/ 语尾　　伸ばす：to elongate/ 拉长　　特徴：characteristic/ 特征　　曖昧（な）：vague/ 暧昧（的）　　そういう：that kind of/ 那种　　～系（そっち系）：that kind/ 具有～特性的人（像那种样子的人）

67

キング君って陸上部に入ってて、期待の星って呼ばれてたらしいよ。

うわさ話をする

Lesson 6 では友だちとお互いに知っている人について話す練習をします。その人はどんな人ですか。おもしろく話す勉強をします。

❗ これができる

1. どんな話をするか予告することができる。
2. うわさ話をすることができる。
3. 驚きを表すことができる。

---

① You will be able to introduce a new topic of conversation.
② You will be able to gossip.
③ You will be able to express surprise.

① 能预先告知大家要说的内容。
② 能聊八卦。
③ 能表示惊讶。

❓ ウォームアップ

- あなたの友だちにおもしろい人がいますか。どんな人ですか。
- あなたに関するうわさでおもしろいうわさをされたことがありますか。どんなうわさですか。

⚡ キーフレーズ

1 どんな話をするか予告する。
- ▶知ってる？キング君の高校時代の話。
- ▶それより知ってる？佐藤先生の話。
- ▶それより知ってるか？佐藤先生の話。

2 うわさ話をする。
- ▶キング君って陸上部に入ってて、期待の星って呼ばれてたらしいよ。
- ▶今度テレビに出るらしいよ。
- ▶今度テレビに出るらしいぞ。

3 驚きを表す。
- ▶本当？キング君が陸上部なんて意外すぎるね！
- ▶まじか？キング君が陸上部なんて意外すぎ！
- ▶ほんとー？
- ▶まじっすか？

〜に関する：concerning 〜/ 关于〜　　　うわさ：gossip, rumor/ 八卦

真似して言ってみよう①

モデル会話1（A：タロー君／B：花ちゃん）　🔊 no.19

タロー君と花ちゃんがうわさ話をしています。

タロー君：ねえ、花ちゃん。
花ちゃん：うん、何？
タロー君：知ってる？①キング君の高校時代の話。
花ちゃん：ううん、全然。
タロー君：②キング君って陸上部に入ってて、期待の星って呼ばれてたらしいよ。
花ちゃん：本当？③キング君が陸上部なんて意外すぎるね！
タロー君：だよね。④軽音部とか似合うよね。
花ちゃん：そうだよね。しかも⑤陸上部の期待の星って、本当？
タロー君：⑥大会で優勝したらしいよ。
花ちゃん：本当に？すごいね。今、そんなふうに見えないよね。
タロー君：そうだね。
花ちゃん：今度「よっ、⑤陸上部の期待の星」って、からかってみよう。
タロー君：だめだめ。だから隠しているのかもよ。

LESSON 6

キング君って陸上部に入ってて、期待の星って呼ばれてたらしいよ。——うわさ話をする

Taro and Hana are gossiping.

Taro: Hey, Hana.
Hana: Yeah, what?
Taro: Did you hear ① about King when he was in high school?
Hana: No, what?
Taro: ② He did track, and he was one of the top runners.
Hana: Really? ③ King did track?
Taro: Right? I would have imagined him being in something like ④ a rock band.
Hana: I know. And was he really ⑤ a top runner?
Taro: I heard he ⑥ won an event at a big meet.
Hana: Really? That's amazing. It's hard to believe looking at him now.
Taro: Yeah.
Hana: Next time I see him, I should tease him and go, "Hey, ⑤ Top Runner."
Taro: No, don't do that. Maybe he's hiding it precisely because he doesn't want to be teased.

太郎和小花在聊八卦。

太郎：喂，小花。
小花：嗯，干嘛？
太郎：你知道吗？①小金高中时的事情。
小花：完全不知道。
太郎：②小金参加田径队，听说还被称作"有潜力的新星"呢。
小花：真的啊？③小金是田径队的，太令人意外了！
太郎：是吧。④我觉得他比较像轻音乐社的。
小花：是啊。而且⑤还是有潜力的田径队新星？真的吗？
太郎：⑥听说他在大会得冠军呢。
小花：真的啊？好厉害哦，现在都看不出来。
太郎：对吧。
小花："哟！⑤有潜力的田径队新星"。下次见到他一定要开他玩笑。
太郎：不好啦。说不定就是这样，他才不说的。

71

モデル会話2（A：桜さん／B：ギャル子）　🔊 no.20

桜さん　　：ねえねえ、ギャル子。
ギャル子：えっ、何？
桜さん　　：知ってる？①キング君の高校時代の話。
ギャル子：ううん、全然。
桜さん　　：②キング君って陸上部に入ってて、期待の星って呼ばれてたらしいよ。
ギャル子：まじか？③キング君が陸上部なんて意外すぎ！
桜さん　　：だよね。④軽音部が似合うよね。
ギャル子：たしかに。しかも⑤陸上部の期待の星って、まじ？
桜さん　　：⑥大会で優勝したらしいよ。
ギャル子：まじ？すご。今、そんなふうに見えないし。
桜さん　　：そうだね。
ギャル子：今度「よっ、⑤陸上部の期待の星」って、からかってやろう。
桜さん　　：またまた。だから隠しているのかもよ。

🔊 ドリル①

モデル会話の中の①〜⑥を入れ替えて、好きなキャラになりきって話してみよう。

(1)　①キング君の中学時代
　　　②キング君は茶道部に入っていて、貴公子と呼ばれていました。
　　　③キング君が茶道部です。
　　　④サッカー部
　　　⑤茶道部の貴公子
　　　⑥師範の免許も持っています。

(2)　①ヤマダ先輩の1年生のとき
　　　②ヤマダ先輩は世界を旅行していて、世界のヤマちゃんと呼ばれていました。
　　　③ヤマダ先輩が世界旅行です。
　　　④毎日ジム通い
　　　⑤世界のヤマちゃん
　　　⑥20ヵ国くらい行きました。

まじ➡表現ノートp.11　　中学：junior high school/ 初中　　茶道部：tea ceremony club/ 茶道社　　貴公子：prince, young aristocrat/ 貴公子　　師範：master/ 师范（茶道、花道師傅）　　免許：license/ 资格　　〜年生：〜 year student/ 〜年級的学生　　ジム通い：going to the gym/ 去健身房

真似して言ってみよう②

モデル会話3（A：桜さん／B：花ちゃん） 🔊 no.21

桜さんと花ちゃんが偶然会い、立ち話をしています。

桜さん　　：お疲れー。
花ちゃん：お疲れー。この前、ごちそうさま。
桜さん　　：いえいえ。それより知ってる？①佐藤先生の話。
花ちゃん：この前キング君と歩いてるのを見たんだ。
　　　　　②かっこいいサングラス、かけてたよ。
桜さん　　：あれ、知らないんだね？③今度テレビに出るらしいよ。
花ちゃん：ほんとー？
桜さん　　：④イケメンで有名だよね。すごいよね。
花ちゃん：えー！！本当？すごい。
桜さん　　：うそうそ。⑤少し映るだけだって。
花ちゃん：わっ、なーんだ。

LESSON 6

キング君って陸上部に入ってて、期待の星って呼ばれてたらしいよ。——うわさ話をする

Sakura and Hana have run into each other on campus, and they begin talking.

Sakura: Good job today.
Hana: You, too. Thanks for treating me the other day.
Sakura: No problem. By the way, have you heard ① about Sato Sensei?
Hana: I saw him walking with King the other day. ② He was wearing cool sunglasses.
Sakura: Oh, I guess you don't know. ③ He is going to be on TV.
Hana: Really?
Sakura: ④ He is known for being good-looking. Isn't that so cool?
Hana: Yeah, I can't believe he's going to be on TV. That's amazing.
Sakura: Actually, ⑤ he said he just had a brief appearance.
Hana: Oh. That's it?

小樱和小花偶遇，站着闲聊。

小樱：下课啦。
小花：对。上次你请客，谢啦。
小樱：不会。对了你知道吗？①佐藤老师的事情。
小花：我上次看到他跟小金走在一起。②戴了一个超帅的太阳眼镜呢。
小樱：嗯，你不知道吗？③他要上电视呢。
小花：真的？
小樱：④又帅又出名，很厉害吧！
小花：哇！真的哦？好厉害。
小樱：骗你的啦，⑤听说只被拍到一下子。
小花：哈？什么嘛。

モデル会話4 （A：ヤマダ先輩／B：タロー君）　　🔊 no.22

ヤマダ先輩：おーい。
タロー君　：こんにちは。この前はごちそうさまでした。
ヤマダ先輩：大丈夫、大丈夫。それより知ってるか？①佐藤先生の話。
タロー君　：この前キング君と歩いてるのを見ました。
　　　　　　②かっこいいサングラス、かけてましたよ。
ヤマダ先輩：あれ、知らないのか？③今度テレビに出るらしいぞ。
タロー君　：まじっすか？
ヤマダ先輩：④イケメンで有名だろ。すごいよな。
タロー君　：えー！！本当ですか？すごい。
ヤマダ先輩：うそうそ。⑤少し映るだけだってよ。
タロー君　：うわっ、そっちかー。

🔊 ドリル②

モデル会話の中の①〜⑤を入れ替えて、好きなキャラになりきって話してみよう。

(1)　①ギャル子
　　　②相変わらず派手派手でした。
　　　③ついにモデルデビューするらしいです。
　　　④ギャル子は高校のとき読者モデルでしたよね。
　　　⑤ただの読者スナップです。

(2)　①桜さん
　　　②いつ見てもクールビューティーです。
　　　③今度始まるドラマに出るらしいです。
　　　④桜さんはモデルのような八頭身ですよね。
　　　⑤エキストラで出ます。

〜か➡コラム p.79　　〜ぞ➡コラム p.79　　だろ➡コラム p.79　　相変わらず：as always/ 仍然　　派手派手(な)：flashy/ 花哨(的)　　ついに：finally/ 终于　　モデル：model/ 模特　　デビューする：to make one's debut/ 出道　　読者モデル：reader model/ 读者模特　　ただの：only/ 只不过是　　読者スナップ：photo of a reader/ 街拍明星　　クールビューティー：cool and beautiful/ 冷艳美　　ドラマ：drama/ 连续剧　　八頭身：well-proportioned (height is eight times length of head)/ 八头身　　エキストラ：extra/ 临演

➡ フローチャート①

フローチャートを見ながら、練習をしたり、会話の流れを確認したりしよう。

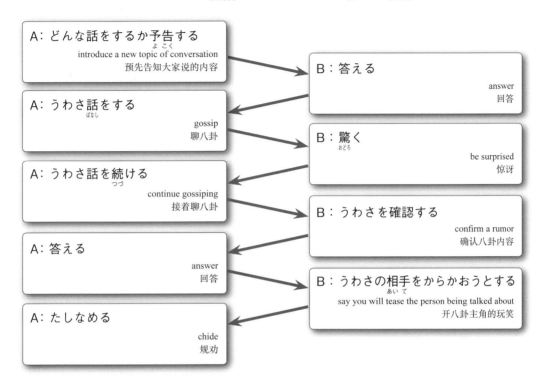

➡ フローチャート②

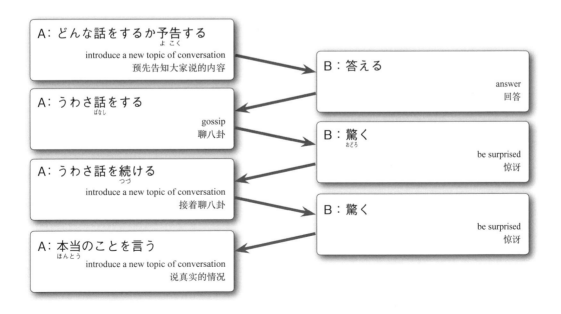

キング君って陸上部に入ってて、期待の星って呼ばれてたらしいよ。——うわさ話をする

ロールプレイ①

ロールプレイカードAまたはBを見て、好きなキャラになって練習しよう。

A

これからどんな話をするか言ってから、Bも知っている友だちの楽しいうわさ話をしてください。

B

Aの話を聞いて、驚いてください。Aが話しやすいようにあいづちを打ったり、冗談を言ってください。

ロールプレイ②

A

これからどんな話をするか言ってから、Bも知っている友だちの楽しいうわさ話をしてください。話をおもしろくするために、冗談も言ってください。

B

Aの話を聞いて、驚いてください。Aが話しやすいようにあいづちを打ってください。

---

①
A: Tell some fun gossip about someone B knows.
B: Act surprised when you hear A's story. Use interjections (e.g., uh huh, yes) or tell jokes.

②
A: Tell some fun gossip about someone B knows. In order to make the story interesting, tell jokes.
B: Act surprised when you hear A's story. Use interjections (e.g., uh huh, yes).

①
A: 先说接下来要聊的话题，然后再提及B也认识的朋友的有趣八卦。
B: 听完A说的话之后表示惊讶。随声附和或开点儿玩笑，让A能接着说下去。

②
A: 先说接下来要聊的话题，然后再提及B也认识的朋友的有趣八卦。
B: 听完A说的话之后表示惊讶。随声附和，让A能接着说下去。

表現ノート

▶ ううん、全然　みんな

友だちことば。正式には「全然知らない」です。ここでは、「知らない」が省略されています。

▶ よっ　みんな

友だちことば。相手をほめるときの呼びかけの言葉として使います。「よっ、日本一！」のように使います。ここでは友だちをからかうのに使っています。目上の人には使わないほうがいいです。

▶ すご

友だちことば。正式には「（とても）すごい」です。い形容詞の「い」を省略します。「高い」を「高」、「早い」を「早」のように言います。意味を強めて言いたいときに使います。この表現を使うと、友だち同士では親しみやすさを与えますが、それ以外の人には軽い印象を与えることがあります。

▶ またまた　みんな

話しことば。「そんなことばかり言っていてはいけないよ」という意味です。「またまた、冗談言わないで」「またまた、からかわないで」のように使います。

▶ううん、全然
Casual speech for friends. The standard form is 「全然知らない」. Here, 「知らない」 is omitted.

▶よっ
Casual speech for friends. Interjection used before complimenting someone, such as in 「よっ、日本一！」 ("You are the best in Japan!"). In this lesson, it is used jokingly. It is best to use only among friends.

▶すご
Casual speech for friends. The standard form is 「（とても）すごい」. The 「い」 in i-adjective is omitted. For example, 「高い」 becomes 「高」 and 「早い」 becomes 「早」. This expression is used to convey familiarity, but it may sound too casual for first encounters.

▶またまた
Casual conversational speech. It means 「そんなことばかり言っていてはいけないよ」 ("You shouldn't keep on saying things like that."). Used as 「またまた、冗談言わないで」 ("Stop joking.") or 「またまた、からかわないで」 ("Stop teasing me.").

▶ううん、全然
日常同辈用语。正式说法为"全然知らない"。这里省略了"知らない"。

▶よっ
日常同辈用语。用于称赞对方时的招呼声，如"よっ、日本一！（哟！日本第一！）"。在这里是开朋友玩笑。尽量别对长辈使用。

▶すご
日常同辈用语。正式说法为"（とても）すごい"。い形容词的"い"被省略不用。"高い"变成"高"，"早い"变成"早"。在希望强调语义时使用。用在朋友之间，给人一种亲近感，但是对他人使用时，会让人觉得有些随便。

▶またまた
口语。表示"そんなことばかり言っていてはいけないよ（别老说那样的话）"之意，如"またまた、冗談言わないで（你又来了，别开玩笑了）"、"またまた、からかわないで（你又来了，别笑我了）"。

▶うそうそ　みんな

話しことば。本当ではない、冗談を言っているという意味で使います。

▶わっ、なーんだ　みんな

友だちことば。「わっ」は驚いたときに使います。「なーんだ」は思っていたことと違って残念に感じたときに使います。

▶まじっすか？

友だちことば。「まじ」（本当ですか）と「っすか」を合わせて「まじっすか？」と表現します。「っすか」は「ですか」の意味で使われますが、基本的に目上の人に使うときは注意が必要です。関係性が近い先輩などに対して用いられます。

▶うわっ、そっちかー　みんな

友だちことば。予想とは違う話の流れになってびっくりしたときに使います。この表現を使うと、友だち同士では親しみやすさを与えますが、それ以外の人には意味が通じないことがあります。

▶うそうそ
Casual conversational speech. Used to signify that something is not true, or that one is joking.
▶わっ、なーんだ
Casual speech for friends.「わっ」is used to express surprise.「なーんだ」is used to express disappointment.
▶まじっすか？
Casual speech for friends.「まじっすか」is the combination of「まじ」("Is it true?") and「っすか」.「っすか」means「ですか」, but it is used only for superiors whom one is close to.
▶うわっ、そっちかー
Casual speech for friends. Used when one is surprised by the unexpected turn of the conversation. This expression is used to convey familiarity, but may not be understood by people you meet for the first time.

▶うそうそ
口语。表示不是说真的，而是在开玩笑。
▶わっ、なーんだ
日常同辈用语。"わっ"表示惊讶。"なーんだ"用于事与愿违感到很可惜之时。
▶まじっすか？
日常同辈用语。"まじ（真的吗）"和"っすか"结合成"まじっすか？"。"っすか"表示"ですか"的意思，但是对长辈使用时还是得注意，对关系较为亲近的学长姐等才能使用。
▶うわっ、そっちかー
日常同辈用语。对方说的话题内容并非自己所想而感到惊讶之时，使用这个表现。用在朋友之间，给人一种亲近感，但是对他人使用时，别人有可能无法理解。

Column | ヤマダ先輩の話し方

　ここではヤマダ先輩の話し方について紹介します。どのような話し方をするのか Lesson 6 のモデル会話を見てみましょう。

> 呼びかけるときに使います。男性も女性も関係なく使えますが、目上から、目下へ使います。

> 「か」は疑問を表して、「知っていますか」「食べますか」のように使います。ヤマダ先輩のような男性はこのように「普通体＋か」で使います。他にもたとえば、「食べるか？」「行くか？」のように使います。

ヤマダ先輩：おーい。
タロー君　：こんにちは。この前はごちそうさまでした。
ヤマダ先輩：大丈夫、大丈夫。それより知ってるか？佐藤先生の話。
タロー君　：この前キング君と歩いてるのを見ました。
　　　　　　かっこいいサングラス、かけてましたよ。
ヤマダ先輩：あれ、知らないのか？今度テレビに出るらしいぞ。
タロー君　：まじっすか？
ヤマダ先輩：イケメンで有名だろ。すごいよな。
タロー君　：えー！！本当ですか？すごい。
ヤマダ先輩：うそうそ。少し映るだけだってよ。
タロー君　：うわっ、そっちかー。

> 「これ、おいしいだろ？」「今日、月曜日だろ？」のように相手に確認するときに使います。女性は使いません。女性は「でしょ」を使います。

> 「ぞ」は説明したり、情報を伝えるときに使います。たとえば「ここにあるぞ」「あいつ、彼氏いないぞ」のように使います。主に男性が使いますが、男性の中でもタロー君のような男性は「ぞ」の代わりに「ここにあるよ」のように「よ」を使います。

LESSON 6 キング君って陸上部に入ってて、期待の星って呼ばれてたらしいよ。――うわさ話をする

呼びかける：to call out (to someone)/ 招呼　　目上：someone senior to you/ 长辈　　目下：someone junior to you/ 晚辈
疑問：question, doubt/ 疑问　　表す：to express/ 表示　　普通体：standard form/ 普通体　　相手：partner/ 对方　　確認する：to confirm/ 确认　　情報：information/ 信息　　彼氏：boyfriend/ 男朋友　　あいつ：he/she (casual)/ 那个家伙（晚辈或同辈第三人称、不太礼貌的说法）　　主に：mainly/ 主要

できたら、いろんな国の人と働きてえんだけど。

将来の希望を控えめに言う

　Lesson 7 では将来したいことやそのために何をしたらいいか話す練習をします。また、「なきゃ」などの短い形や文の終わりに「ね」「な」などを使って、自然に話せるようになる練習をします。

！ これができる

1. 相手の見慣れない様子を指摘することができる。
2. 将来の希望を控えめに言うことができる。
3. 励まし合うことができる。

---

① You will be able to tell a person that there is something different about him/her than usual.
② You will be able to express your aspirations in a modest way.
③ You will be able to encourage each other.

① 能指出对方跟平时不同的样子。
② 能婉转地说出未来的期望。
③ 能互相鼓励。

? ウォームアップ

- あなたの国で人気のある仕事は何ですか。
- あなたは子どものとき、どのような仕事をしたいと思っていましたか。今はどうですか。

⚡ キーフレーズ

1. 相手の見慣れない様子を指摘する。
   - ▶ タロー君、スーツなの？見慣れないなあ。
   - ▶ キング君、スーツ？なんかウケるんだけど。

2. 将来の希望を控えめに言う。
   - ▶ できたら、いろいろな国の人と働きたいんだけど。
   - ▶ できたら、いろんな国の人と働きてえんだけど。

3. 励まし合う。
   - ▶ お互い、頑張んなくちゃね。
   - ▶ お互い、頑張んなきゃね。

人気：popular / 受欢迎

真似して言ってみよう

モデル会話1（A：花ちゃん／B：タロー君）　🔊 no.23

花ちゃんとタロー君はインターンシップの説明会にいます。

花ちゃん：タロー君、スーツなの？見慣れないなあ。
タロー君：そう？花ちゃんだってリクルートスーツ着てるじゃん！
花ちゃん：タロー君が①外資系の説明を聞くなんて意外。将来そういう仕事、希望なの？
タロー君：できたら、②いろいろな国の人と働きたいんだけど。
花ちゃん：本当？じゃ、③英語ペラペラ？
タロー君：全然。これから本気で頑張んなきゃ。
花ちゃん：④海外出張行ったり、英字新聞読んだりするの？なんかタロー君のイメージとちょっと違うかな。
タロー君：きびしいな。そういう花ちゃんは将来、何やるの？
花ちゃん：うーん、⑤翻訳とか。
タロー君：まじで？あれって大変なんでしょ？
花ちゃん：うん。いつも勉強してる。
タロー君：そっか。すごいな。
花ちゃん：お互い、頑張んなくちゃね。
タロー君：うん！

LESSON 7

できたら、いろんな国の人と働きてえんだけど。――将来の希望を控えめに言う

Hana and Taro are at an information session for an internship program.

Hana: Taro, you are wearing a suit. You look different.
Taro: Really? You are wearing one, too.
Hana: ① I'm surprised you are at this explanation session on multinational companies.
Taro: Well, if possible, ② I want to work with people from different countries.
Hana: Really? So, ③ are you fluent in English?
Taro: Not at all. I really need to start studying harder.
Hana: ④ So this means you will go on business trips abroad and read newspapers in English? I can't really picture you doing that.
Taro: That's harsh. What about you, Hana? What do you want to be?
Hana: Um, ⑤ maybe a translator...
Taro: Seriously? That's really difficult, right?
Hana: Yeah. I am always studying.
Taro: I see. Wow.
Hana: We've got our work cut out for us.
Taro: For sure!

小花和太郎在实习说明会上。

小花：太郎，你穿西装啊？好特别哦。
太郎：是吗？你不也穿着就职用的西服套装吗？
小花：太郎①居然听外资公司的说明，真令人意外。将来想从事这方面的工作？
太郎：可以的话，②想跟各国人士一起工作。
小花：真的啊？那，③你英语很溜了？
太郎：没有。接下来真得好好加油。
小花：所以你会④去国外工作或读英语报纸？跟太郎给人的感觉有点儿不同呢。
太郎：太过分了。对了，小花将来想做什么？
小花：嗯，⑤翻译之类的吧。
太郎：不会吧？那个，很辛苦不是吗？
小花：嗯，永远都得学习。
太郎：是哦。真厉害。
小花：一起加油吧。
太郎：好！

モデル会話2（A：ギャル子／B：キング君）　🔊 no.24

ギャル子：キング君、スーツ？なんかウケるんだけど。
キング君：何だよ？お前だってリクルートスーツ着てるだろ！
ギャル子：キング君が①外資系の説明を聞くなんて意外。
　　　　　将来そっち系、希望？
キング君：できたら、②いろんな国の人と働きてえんだけど。
ギャル子：まじでー？じゃ、③英語ペラペラ？
キング君：全然。これからまじで頑張んねえと。
ギャル子：④海外出張行ったり、英字新聞読んだり？
　　　　　なんかキング君のイメージとちょい違う。
キング君：うるせーな。そういうお前は将来、何やんだよ？
ギャル子：うーん。⑤翻訳とか。
キング君：まじか？あれって大変なんだろ？
ギャル子：うん。いつも勉強してる。
キング君：そっか。すげーな。
ギャル子：お互い、頑張んなきゃね。
キング君：おう！

🔊 ドリル

モデル会話の中の①〜⑤を入れ替えて、好きなキャラになりきって話してみよう。

(1)　①商社に興味があるのは意外です。
　　　②海外の仕事をしたいのですが。
　　　③国際経済に詳しいですか。
　　　④バリバリ働いたり、日経新聞を読んだりするのですか。
　　　⑤学校の先生などです。

ウケる➡表現ノートp.66　　いろんな＝いろいろな　　うるせー➡コラムp.53　　だろ？➡表現ノートp.51　　すげー➡コラムp.53／表現ノートp.100　　商社：trading company/贸易公司　　海外：abroad/国外　　詳しい：to know a lot/清楚　　バリバリ（働く）：to work a lot/鼓足干劲（工作）　　日経新聞（新聞の名称＝日本経済新聞）：Nikkei Shimbun (name of newspaper: Nihon Keizai Shimbun)／日経新聞（报刊名称＝日本経済新聞）

(2)　①アパレルの会社案内を読んでいるのはびっくりしました。
　　　②オリジナルの服を作りたいのですが。
　　　③自分でデザインしたことがあるのですか。
　　　④おしゃれな服を着たり、パリコレ行ったりするのですか。
　　　⑤公務員などです。

→ フローチャート

フローチャートを見ながら、練習をしたり、会話の流れを確認したりしよう。

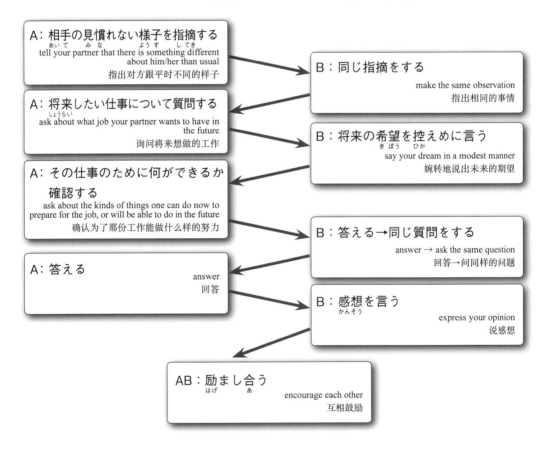

アパレル：apparel/ 服装业　　オリジナル：original/ 具有独创性　　デザインする：to design/ 设计　　おしゃれ（な）：stylish/ 时尚（的）　　パリコレ（パリコレクション）：Paris Fashion Week/ 巴黎时装展示会

🗒 ロールプレイ

ロールプレイカードAまたはBを見て、好きなキャラになって練習しよう。

ロールプレイ1

A
Bの見慣れない行動や意外な行動について指摘してください。Bにも将来したい仕事を聞いてください。最後に励まし合ってください。

B
Aに将来したい仕事を控えめに言ってください。Aにも同じ質問をしてください。

ロールプレイ2

A
Bの見慣れない行動や意外な行動について指摘してください。Bが将来したい仕事ができるように、他にもどんなことをしたらいいか言ってください。最後に励まし合ってください。

B
Aに将来したい仕事とそのために、頑張っていることを話してください。Aにも同じ質問をしてください。

---

①
A: Point out to B that his/her behavior is unlike him/her. Also ask B what he/she wants to do in the future. Finally, encourage each other.
B: Tell A about your dream job. Ask A about his/hers.

②
A: Point out to B that his/her behavior is unlike him/her. Make suggestions to B about the things he/she can do now in order to get his/her dream job. In the end, encourage each other.
B: Tell A that you are working hard now in order to achieve your dream job. Ask A the same questions.

①
A: 指出B跟平时不同或令人感到意外的行为,并询问B将来想做的工作。最后互相鼓励。
B: 婉转地对A说出将来想做的工作,对A也问同样的问题。

②
A: 指出B跟平时不同或令人感到意外的行为,并谈谈为了在将来能做那份工作,B还能做些什么其他的事。最后互相鼓励。
B: 对A说将来想做的工作以及现在正在努力的情况。对A也问相同的问题。

表現ノート

▶なんかタロー君のイメージとちょっと違うかな

▶なんかウケるんだけど

　話しことば。正式には「なんだか」と言います。「どうしてかよくわからないけれど」という意味で使います。

▶頑張んなくちゃ（ね）

▶頑張んなきゃね

　友だちことば。正式には、「頑張らなくては（ならない）」「頑張らなくちゃ（ならない）」です。

▶何だよ？

　友だちことば。主に男性が使います。相手の言ったことに少し不満がある気持ちを表現するときに使います。

▶そっち系

　友だちことば。「そっち」は正式には「そちら」です。「そっち系」は、「そちらの分野」とか「そちらのグループ」という意味で使います。この言葉を使うと、友だち同士では親しみやすさを与えますが、それ以外の人には軽い印象を与えたり、意味が伝わらなかったりする場合があります。

▶なんかタロー君のイメージとちょっと違うかな
▶なんかウケるんだけど
Casual conversational speech. The standard form is 「なんだか」. It means "I don't know why, but..."

▶頑張んなくちゃ（ね）
▶頑張んなきゃね
Casual speech for friends. The standard form is 「頑張らなくては（ならない）」and「頑張らなくちゃ（ならない）」.

▶何だよ？
Casual speech for friends. Mainly used by men when they want to express concern or dismay over what the other person said.

▶そっち系
Casual speech for friends. 「そちら」is the standard form of「そっち」.「そっち系」refers to 「そちらの分野」and「そちらのグループ」. This expression is used to convey familiarity, but it may sound too casual for first encounters.

▶なんかタロー君のイメージとちょっと違うかな
▶なんかウケるんだけど
口语。正式说法为"なんだか"。表示"不知道为什么，总觉得～"之意。

▶頑張んなくちゃ（ね）
▶頑張んなきゃね
日常同辈用语。正式说法为"頑張らなくては（ならない）"、"頑張らなくちゃ（ならない）"。

▶何だよ？
日常同辈用语。主要为男性用语。用于表达对对方说的话有些不满的情绪之时。

▶そっち系
日常同辈用语。"そっち"的正式说法为"そちら"。"そっち系"表示"那个领域"或"那个团体"之意。这个词语用在朋友之间，给人一种亲近感，但是对其他人使用时，别人有可能无法理解。

▶働(はたら)きてえんだけど

　友だちことば。正式(せいしき)には「働きたいんだけど」です。主(おも)に男性(だんせい)が使います。「食(た)べたいんだけど」→「食べてえんだけど」、「行(い)きたいんだけど」→「行きてえんだけど」などのように言います。

▶ちょい違(ちが)う

　友だちことば。正式(せいしき)には「ちょっと」です。

▶おう！

　友だちことば。主(おも)に男性(だんせい)が使います。相手(あいて)から「～しよう」と誘(さそ)われ、答えるときに使います。「うん」と同じ意味です。Ａさん「頑張(がんば)ろう」、Ｂさん「おう！」などのように使います。

▶働きてえんだけど
Casual speech for friends. The standard form is「働きたいんだけど」. Mainly used by men. Other examples are「食べたいんだけど」→「食べてえんだけど」and「行きたいんだけど」→「行きてえんだけど」.
▶ちょい違う
Casual speech for friends. The standard form is「ちょっと」.
▶おう！
Casual speech for friends. Mainly used by men. You use it in response to invitations (「～しよう」). It has the same meaning as「うん」. Another example is A:「頑張ろう」B:「おう！」.

▶働きてえんだけど
日常同辈用语。正式说法为"働きたいんだけど"。主要为男性用语。其他例子如"食べたいんだけど"→"食べてえんだけど"、"行きたいんだけど"→"行きてえんだけど"等等。
▶ちょい違う
日常同辈用语。正式说法为"ちょっと"。
▶おう！
日常同辈用语。主要为男性用语。用于回应对方以"～しよう（～吧）"邀约之时。跟"うん"的意思相同。A说"頑張ろう"，B就会回答"おう！"。

Column | タロー君の話し方

　ここではタロー君の話し方について紹介します。タロー君は一般的な男子学生です。Lesson 9 で紹介する一般的な女子学生の花ちゃんと桜さんの話し方とほとんど同じです。タロー君がどのような話し方をするのか Lesson 7 のモデル会話でタロー君とキング君の話し方を比べてみましょう。

〈例1〉
タロー君：花ちゃんだってリクルートスーツ着てるじゃん！
キング君：お前だってリクルートスーツ着てるだろ！

〈例2〉
タロー君：できたら、いろいろな国の人と働きたいんだけど。
キング君：できたら、いろんな国の人と働きてえんだけど。

〈例3〉
タロー君：きびしいな。そういう花ちゃんは将来、何やるの？
キング君：うるせーな。そういうお前は将来、何やんだよ？

　例1と例3でキング君が相手を「お前」と呼んでいますが、タロー君は「花ちゃん」と名前で呼んでいます。「お前」は主に男性が同じ年や年下の人を呼ぶときに使います。「お前」という言葉は相手に強すぎる印象を与えることもあります。
　キング君は例2で「働きたいんだけど」を「働きてえんだけど」のように変えています。タロー君も男子学生ですが、キング君のように語尾を変えていません。このようなタロー君の話し方は、花ちゃんや桜さんの話し方と同じです。
　この本の中で男子学生であるタロー君、そして花ちゃん、桜さんは一部の単語以外は同じ話し方をしています。たとえば、例1〜例3のタロー君の話し方を花ちゃんがしても、桜さんがしても不自然ではありません。

一般的（な）：average/ 通常　　男子：male/ 男性　　女子：female/ 女性　　相手：partner/ 对方　　主に：mainly/ 主要　　年下：younger/ 小辈　　〜すぎる（強すぎる）：too~ (too strong)/ 太〜了（太厉害了）　　印象：impression/ 印象　　与える：to give/ 给　　語尾：sentence ending/ 词尾　　一部：one section/ 一部分　　単語：word/ 生词　　不自然（な）：unnatural/ 不自然（的）

でも、なんで急にそんな展開になったんだよ？

出来事の進展について質問する

　友だちの話を聞いたとき、同じ気持ちになったり、びっくりしたりしたことはありませんか。楽しく話すために友だちをほめたりもします。Lesson 8 ではスムーズに友だちと話すための勉強をします。

❗これができる

1. 友だちの変化に気がついてほめることができる。
2. 出来事の進展について質問することができる。
3. 相談に乗ってくれたことにお礼を言うことができる。

---

① You will be able to notice a positive change in a friend and compliment him/her.
② You will be able to ask about new developments.
③ You will be able to express your appreciation to someone who has given you advice.

① 能注意到朋友的变化并称赞对方。
② 能询问事情进展。
③ 能感谢对方给自己意见。

❓ ウォームアップ

- あなたは友だちの良い変化にすぐ気がつきますか。気がついた場合、ほめますか。
- あなたはほめられたとき、どうしますか。日本語と他の言語を話しているときでは違いますか。

⚡ キーフレーズ

1 友だちの変化に気がついてほめる。
- ▶あれ、その髪型、すっごくいいね！
- ▶何ー、その髪型、超いいね！
- ▶あれ、その髪型、すごくいいじゃないですか！

2 出来事の進展について質問する。
- ▶でも、なんで急にそんな展開になったんだよ？
- ▶でも、なんで急にそんな展開になったの？

3 相談に乗ってくれたことにお礼を言う。
- ▶アドバイスしてくれたキング君に本当に感謝してるよ。
- ▶アドバイスしてくれた花ちゃんにまじ感謝。
- ▶アドバイスしてくれたヤマダ先輩にすごく感謝してますよ。

変化：change/ 变化　　気がつく：to notice/ 注意到　　言語：language/ 语言

真似して言ってみよう

モデル会話1（A：花ちゃん／B：キング君） 🔊 no.25

花ちゃんとキング君は教室にいます。

花ちゃん：①あれ、その髪型、すっごくいいね！
キング君：まじー？夏らしくしてみた。
花ちゃん：本当に似合ってるね。
キング君：サンキュ！
花ちゃん：あっ、あのね…。
キング君：うん？何だよ？
花ちゃん：あのね、②来週なんだけど、タロー君とディズニーに行くことになったんだ。
キング君：えー、まじで？③こないだ無理っぽかったタロー君？
花ちゃん：そう。
キング君：すげー。
花ちゃん：でしょ？
キング君：でも、なんで急にそんな展開になったんだよ？
花ちゃん：④実はもうないかなってあきらめていたんだけど、ダメ押しでラインしちゃったの。
キング君：まじか、信じらんねー！
花ちゃん：そしたら、⑤なんとディズニーに行こうって、タロー君から言われて。
キング君：わー、まじ？よかった、よかった。
花ちゃん：アドバイスしてくれたキング君に本当に感謝してるよ。

Hana and King are in the classroom.

Hana: ① Hey, I love your new hairstyle!
King: Seriously? I wanted it to be summery.
Hana: It looks so good on you.
King: Thanks!
Hana: Um...
King: Yeah? What?
Hana: Uh, ② I am going to go to Disneyland with Taro next week!
King: Oh really? ③ The last time we talked, you weren't sure if it was going to work out with him.
Hana: Yeah.
King: Wow!
Hana: Right?
King: But how did that happen?
Hana: ④ Actually, I had almost given up, but I lined him anyway.
King: Seriously? I can't believe it!
Hana: And then, ⑤ in fact Taro said, "Let's go to Disneyland."
King: Wow, for real? That's awesome.
Hana: Thanks so much for your advice.

小花和小金在教室里。

小花：①噢，这个发型，很不错呢。
小金：是吗？剪了个适合夏天的。
小花：真的很适合你。
小金：谢啦！
小花：啊，嗯……。
小金：嗯？怎么啦？
小花：那个，②下星期，我和太郎一起去迪士尼。
小金：哦，真的啊？③你和太郎，上次不是说好像不行吗？
小花：嗯。
小金：太棒了。
小花：是吧！
小金：但是，怎么突然变成这样？
小花：④其实我本来觉得没戏，都放弃了，后来死马当活马医，给他发了LINE。
小金：天啊，不会吧！
小花：然后啊，⑤没想到太郎邀我去迪士尼。
小金：哇，天啊！太好了，太好了。
小花：小金，真的很谢谢你的意见。

モデル会話2（A：ギャル子／B：花ちゃん）　　🔊 no.26

ギャル子：①何―、その髪型、超いいね！
花ちゃん：ほんとー？夏っぽくしてみたの。
ギャル子：まじ、似合ってる。
花ちゃん：ありがと！
ギャル子：あっ、あのさ…。
花ちゃん：うん？何？
ギャル子：あのさ、②来週さー、キング君とディズニー行くことになったんだ。
花ちゃん：えー、うそー？③この間無理っぽかったキング君だよね？
ギャル子：そう。
花ちゃん：すごいね。
ギャル子：でしょ？
花ちゃん：でも、なんで急にそんな展開になったの？
ギャル子：④正直もうないかなってあきらめてたんだけど、ダメ押しでラインしちゃったんだ。
花ちゃん：うそ、信じられない！
ギャル子：そしたら、⑤なんとディズニーに行こうって、キング君から言われて。
花ちゃん：わー、ほんと？よかったね。
ギャル子：アドバイスしてくれた花ちゃんにまじ感謝。

ほんとー➡表現ノートp.11　　〜っぽい（夏っぽい）：-- like, --y/ 好像〜（好像夏天）　　まじ➡表現ノートp.11　　だよね？
➡表現ノートp.51　　でしょ？➡表現ノートp.51　　〜の➡表現ノートp.12

モデル会話3(A:桜さん/B:ヤマダ先輩) 🔊 no.27

桜さん　　　：①あれ、その髪型、すごくいいじゃないですか!
ヤマダ先輩：まっ、まじ?夏って感じにしてみた。
桜さん　　　：ほんとに似合ってますよ。
ヤマダ先輩：ありがとう!
桜さん　　　：えっと、あのー。
ヤマダ先輩：うん?何だよ?
桜さん　　　：あのー、②来週なんですけど、キング君とディズニーに行くことになりまして。
ヤマダ先輩：えー、まじ?③こないだ無理って言ってたキング君?
桜さん　　　：そう。
ヤマダ先輩：すごいな。
桜さん　　　：ですよね?
ヤマダ先輩：でも、なんで急にそんな展開になったんだよ?
桜さん　　　：④実はもうないかなってあきらめてたんですけど、ダメ押しでラインしちゃいまして。
ヤマダ先輩：やるな、信じらんねーな!
桜さん　　　：そしたら、⑤なんとディズニーに行こうって、キング君から言われて。
ヤマダ先輩：わー、まじ?よかった。
桜さん　　　：アドバイスしてくれたヤマダ先輩にすごく感謝してますよ。

~って感じ：-- like/ 觉得~　　えっと➡表現ノートp.38　　やるな：That's super./ 干得好

🔊 ドリル

モデル会話の中の①〜⑤を入れ替えて、好きなキャラになりきって話してみよう。

(1) ①（友だちが着ているTシャツをほめてください）
　　②来週ですが、アルバイトの面接に行くことになったんです。
　　③この間書類で落ちたかもしれないと言っていましたよね？
　　④実はもうだめかなと思っていたんですが、直接店に行ってしまいました。
　　⑤ぜひ面接に来てくださいと言われました。

(2) ①（友だちが持っているかばんをほめてください）
　　②今夜ですが、キャンセル待ちのあのレストランに（名前）と行くことになったんです。
　　③この間テレビで年内予約は取れないと言っていましたよね？
　　④実は来年でもいいかなとあきらめていたんですが、（名前）とデートしたいから電話をしてしまいました。
　　⑤今、キャンセルが出たのでどうぞと言われました。

Tシャツ：t-shirt/T恤衫　　面接：interview/面试　　書類：documents/材料　　実は：actually/实际上　　直接：directly/直接　　キャンセル待ち：(with a) wait list/等待名単　　年内：within the year/年内　　あきらめる：to give up/放弃　　デートする：to go on a date/约会　　キャンセル：to cancel/取消

→ フローチャート

フローチャートを見ながら、練習をしたり、会話の流れを確認したりしよう。

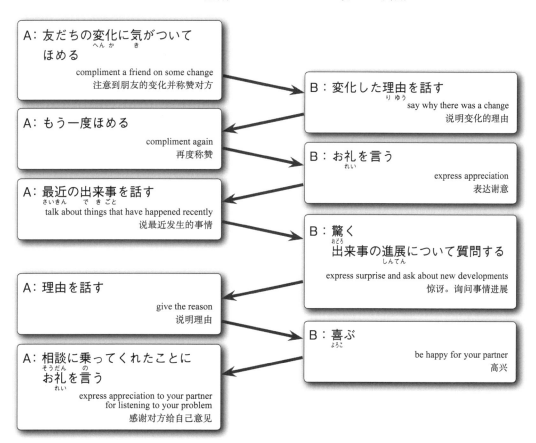

LESSON 8

でも、なんで急にそんな展開になったんだよ？——出来事の進展について質問する

ロールプレイ

ロールプレイカードAまたはBを見て、好きなキャラになって練習しよう。

ロールプレイ1

A
Bの持ち物をほめてください。最近Bに相談したことがどうなったか話してください。最後にお礼を言ってください。

B
Aの話を聞いて、びっくりしたり、共感したりしてください。どうしてその展開になったか聞いてください。

ロールプレイ2

A
Bがくれたお土産についてほめてください。近況について話してください。

B
Aの話を聞いて、びっくりしたり、共感したりしてください。どうしてその展開になったか聞いてください。

---

①
A: Compliment B on something he/she has. Tell B about any new developments to the issue you two spoke about previously. Finally, thank him/her.
B: Act surprised or happy upon hearing A's story. Ask how the thing A told you about happened.

②
A: Show appreciation for the gift B got you. Tell B about things that have happened recently.
B: Act surprised or happy upon hearing A's story. Ask how the thing A told you about happened.

①
A: 称赞B的随身携带物品。说说最近跟B商量的事情变得怎么样了。最后表达谢意。
B: 听A说他的事情，表达惊讶和同感。询问事情为什么会发展成那样?

②
A: 称赞B送的伴手礼。聊聊近况。
B: 听A说他的事情，表达惊讶和同感。询问事情为什么会发展成那样?

表現ノート

▶ あれ、その髪型、すっごくいいね！
話しことば。何か新しいものを見て驚いたときに使います。

▶ すっごく
友だちことば。正式には「すごく」です。「すっごく」は「すごく」より強く言いたいときに使います。もう少し丁寧に言いたいときは「とても」を使います。

▶ あのね
▶ あのさ
▶ あのー
友だちことば。友だちや家族など親しい人に話しかけるときに使います。「あの」は、話しことばとして知らない人に話しかけるときにも使います。なお、「さ」は自分に起きたことを伝えたい気持ちが強いときや自分の話すことに注目してほしいときに使う間投助詞です。

▶ 無理っぽかった
友だちことば。正式には「無理なようだった」です。「っぽい」は自分の発言に確信が持てないときに使います。

▶ あれ、その髪型、すっごくいいね！
Casual conversational speech. Used to express surprise at seeing something new.

▶ すっごく
Casual speech for friends. The standard form is「すごく」.「すっごく」is a stronger form of「すごく」.「とても」is a more polite way of saying「すごく」.

▶ あのね
▶ あのさ
▶ あのー
Casual speech for friends. Used for talking to people one is close to, such as family or friends.「あの」is used for starting a conversation with a stranger.「さ」is added when you want to convey emphasis on something that has happened, or when you want to draw attention to what you are saying.

▶ 無理っぽかった
Casual speech for friends. The standard form is「無理なようだった」.「っぽい」is used when you are not sure if the remark you have made is true or not.

▶ あれ、その髪型、すっごくいいね！
口语。用于看到新事物感到惊讶之时。

▶ すっごく
日常同辈用语。正式说法为"すごく"。想强调"すごく"的时候，用"すっごく"。想说得有礼貌一些则用"とても"。

▶ あのね
▶ あのさ
▶ あのー
日常同辈用语。用于对朋友或家人等亲近的人说话之时。在口语里，"あの"可以用于对不认识的人说话之时。此外，"さ"为间投助词，用于强烈希望说明自己经历的事情或希望他人关注自己说的话。

▶ 無理っぽかった
日常同辈用语。正式说法为"無理なようだった"。"っぽい"用在对自己的发言不太确定之时。

▶すげー
友だちことば。正式には「すごい」です。主に男性が使います。

▶信じらんねー!
友だちことば。正式には「信じられない」です。動詞可能形の否定形です。主に男性が使います。「食べられない」→「食べられねー」、「行けない」→「行けねー」などのように言います。友だちことばの「まじ」と一緒に使われることも多いです。

▶超いいね!
友だちことば。正式には「とても」「すごく」です。普通はい形容詞とな形容詞の前につけます。「超難しい」とか「超きれい」のように使います。「超ウケる」のように動詞の前に使われることもあります。

▶正直
友だちことば。正式には「正直に言うと」です。

▶すげー
Casual speech for friends. The standard form is「すごい」.「すげー」is used mainly by men.
▶信じらんねー!
Casual speech for friends. These are potential forms of verbs in the negative. The standard form is「信じられない」. Mainly used by men. Examples are「食べられない」→「食べられねー」and「行けない」→「行けねー」. Often used together with「まじ」.
▶超いいね!
Casual speech for friends. The standard form is「とても」and「すごく」. Usually, it is used before an i-adjective or na-adjective. Examples are「超難しい」("very difficult") and「超きれい」("very beautiful"). Sometimes it is also used in front of a verb, such as in「超ウケる」.
▶正直
Casual speech for friends. The standard form is「正直に言うと」.

▶すげー
日常同辈用语。正式说法为"すごい"。主要为男性用语。
▶信じらんねー!
日常同辈用语。正式说法为"信じられない"。动词可能形的否定形。主要为男性用语。其他用法如"食べられない"→"食べられねー"或"行けない"→"行けねー"等。常与日常同辈用语的"まじ"一起使用。
▶超いいね!
日常同辈用语。正式说法为"とても"、"すごく"。一般置于"い形容词"和"な形容词"之前,如"超難しい(好难)"、"超きれい(好漂亮)"。有时也用在动词前面,如"超ウケる(特别受欢迎)"。
▶正直
日常同辈用语。正式说法为"正直に言うと"。

Column | 友だちことばの文法

「ですますことば」と「友だちことば」の文法は、以下のような違いがあります。

	ですますことば	友だちことば	例
1	～たいです	～たい	食べたいです ➡ 食べたい
2	～ていきます	～ていく／～てく	持っていきます ➡ 持っていく／持ってく
3	～てください	～て	見てください ➡ 見て
4	～ないでください	～ないで／～ないでくれ	見ないでください ➡ 見ないで／見ないでくれ
5	～ています	～ている／～てる	知っています ➡ 知っている／知ってる
6	～てはいけません	～てはいけない／～ちゃだめ	見てはいけません ➡ 見てはいけない／見ちゃだめ
7	～なければなりません	～なければならない／～なきゃ	勉強しなければなりません ➡ 勉強しなければならない／勉強しなきゃ
8	～なくてはいけません	～なくてはいけない／～なくちゃ	勉強しなくてはいけません ➡ 勉強しなくてはいけない／勉強しなくちゃ
9	～たり、～たりします	～たり、～たりする	書いたり、読んだりします ➡ 書いたり、読んだりする
10	～と言っていました	～って言ってた	休むと言っていました ➡ 休むって言ってた
11	～ましょうか	～うか？	乗りましょうか ➡ 乗ろうか？
12	～てしまいました	～てしまった／～ちゃった	忘れてしまいました ➡ 忘れてしまった／忘れちゃった
13	～ておきます	～ておく／～とく	書いておきます ➡ 書いておく／書いとく
14	～ばいいです	～ばいい／～りゃいい	調べればいいです ➡ 調べればいい／調べりゃいい
15	～ので／～ます・ですから	～から	休むので／休みますから ➡ 休むから
16	～ませんか	～ない？	飲みませんか ➡ 飲まない？

LESSON 8　でも、なんで急にそんな展開になったんだよ？――出来事の進展について質問する

違い：difference/ 差別

なんか元気ねえな。

悩みを聞き出す

　Lesson 9では友だちに悩みを相談したり、聞いたりする練習をします。悩みを相談しているときは答えがほしいと思っているときと、そうではないときがあります。アドバイスすることも重要ですが、いいタイミングであいづちを打ったり、応援したりする練習をしましょう。

❗これができる

1. 悩みを聞き出すことができる。
2. 相手に思い留まるように言うことができる。
3. アドバイスを求められても答えず、相手に考えさせる質問をすることができる。

---

① You will be able to ask what is wrong.
② You will be able to suggest the person reconsider something.
③ You will be able to ask a question that makes the person who asks for your advice think, instead of just giving advice.

① 能问出对方的烦恼。
② 能说到让对方打消念头。
③ 能在对方寻求建议时，不直接回答而让对方思考。

? ウォームアップ

- あなたはどのような悩み（例：恋愛、お金、将来のことなど）を、誰（友だち、母親、先生など）に相談しますか、あるいは相談しませんか。それはどうしてですか。
- あなたは悩みを相談されるタイプですか、相談されないタイプですか。それはどうしてだと思いますか。

⚡ キーフレーズ

1 悩みを聞き出す。

　▶ なんか元気ないね。
　　もしかしてこの間のキング君とのデートで何かあったの？

　▶ なんか元気ねえな。
　　もしかしてこないだのタロー君とのデートで何かあった？

　▶ なんか元気ねえな。
　　もしかしてこないだのキング君とのデートで何かあったのか？

2 相手に思い留まるように言う。

　▶ そんなことしたら、男の人はちょっと引くんじゃないかな。
　▶ そんなことしたら、男はちょい引くぞ。
　▶ そんなことしたら、男はちょっと引くぞ。

3 アドバイスを求められても答えず、相手に考えさせる質問をする。

　▶ ていうか、桜さんはどうしたいの？
　▶ てか、花ちゃんはどうしたい？
　▶ ていうかさ、ギャル子はどうしたい？

悩み：problem, issue/ 烦恼　　例：example/ 例子　　恋愛：romantic relationships/ 恋爱　　母親：mother/ 母亲　　あるいは：or/ 或者

真似して言ってみよう

モデル会話1（A：花ちゃん／B：桜さん）

花ちゃんと桜さんは学食にいます。

花ちゃん：桜さん、①なんか元気ないね。もしかして
　　　　　この間の②キング君とのデートで何かあったの？
桜さん　：なんかね、うーん、③本当にデートだったのかなと思って。
花ちゃん：どういうこと？
桜さん　：正直言って、④キング君ともう何回も食事してるんだけど、次の約束がな
　　　　　いんだよね。
花ちゃん：何、それ？
桜さん　：⑤キング君って私が誘うと行こうぜ！行こうぜ！って、言うんだけど、本
　　　　　心はどうなのかって、本当に心配で。
花ちゃん：そうなんだね。でも、悩むことないんじゃないかな？
　　　　　実際⑥キング君は来たんだし、それ、デートだよ！
桜さん　：そう？じゃ、⑦なんでキング君から誘ってくれないんだろう。
　　　　　聞いてみよっかな？
花ちゃん：えっ？そんなことしたら、男の人はちょっと引くんじゃないかな。
桜さん　：そう？花ちゃんだったら、どうする？
花ちゃん：ていうか、桜さんはどうしたいの？キング君のことが好きなのかな？
桜さん　：うん。
花ちゃん：じゃ、好きなら、好きって言えばいいんじゃないかな？
桜さん　：それが難しいから、相談してるんだけど…。
花ちゃん：本気なら、頑張って！

LESSON 9　なんか元気ねえな。——悩みを聞き出す

Hana and Sakura are at the cafeteria.

Hana: Sakura, ① you seem a bit down. ② Did your date with King not go well?
Sakura: Um, ③ I've been asking myself if it was really a date.
Hana: What do you mean?
Sakura: Honestly, ④ I've gone out with him many times, but there are no plans for the next meeting.
Hana: What do you mean?
Sakura: ⑤ If I invite King, he says, "Let's go, let's go!", but I don't know how he really feels. I am worried about that.
Hana: I see. But maybe you don't have to worry. The fact is, ⑥ King came, so it's a date!
Sakura: Yeah? Then ⑦ why doesn't King ever invite me? Should I ask him why?
Hana: Um, if you do that, maybe it'll be a turn off.
Sakura: Yeah? If you were me, what would you do?
Hana: I mean, what do you want to do? Do you like King?
Sakura: Yes.
Hana: Then if you like him, you should tell him that.
Sakura: I am asking you for advice because that sort of thing is difficult for me.
Hana: If you're really serious, you can do it.

小花和小櫻在学生食堂。

小花：小櫻，①你看起来不太开心，是不是上次跟②小金约会时发生了什么？
小櫻：怎么说呢，嗯～。③要是真的是约会就好了。
小花：怎么回事？
小櫻：老实说，④我跟小金是吃了几次饭，但是却没下文了。
小花：什么？
小櫻：⑤小金呢，我邀他的话，他就说去吧！去吧！但是他心里是到底怎么想的，总觉得有点儿不安。
小花：嗯，但是也没什么好担心的，不是吗？⑥小金真的去了，那就是约会了啊！
小櫻：是吗？那，⑦我可不可以问小金，为什么他都不来邀我？
小花：欸？你要那么问，男生都会吓跑的啦。
小櫻：是吗？小花，要是你，你会怎么做？
小花：不是，小櫻你到底想怎么做？你喜欢小金吗？
小櫻：嗯。
小花：那，要是喜欢直接告诉他，不就得了吗？
小櫻：就是说不出口，才找你商量的啊……。
小花：要是真喜欢他，就加油一点！

モデル会話2（A：キング君／B：花ちゃん） 🔊 no.29

キング君：花ちゃん、①なんか元気ねえな。もしかして
　　　　　こないだの②タロー君とのデートで何かあった？
花ちゃん：あのね、うーん、③本当にデートだったのかなと思って。
キング君：どうゆうこと？
花ちゃん：実はね、④タロー君ともう何回も食事してるんだけど、次の約束がないの。
キング君：何、それ？
花ちゃん：⑤タロー君って私が誘うと行こう！行こう！って、言うんだけど、本心は
　　　　　どうなのかなって本当に心配なの。
キング君：そっか。でも、悩むことなくね？
　　　　　実際⑥タロー君は来たんだし、それ、デートだろ！
花ちゃん：そうかな？じゃ、⑦なんでタロー君から誘ってくれないんだろう。
　　　　　聞いてみよっかな？
キング君：えっ？そんなことしたら、男はちょい引くぞ。
花ちゃん：そうなの？キング君だったら、どうするの？
キング君：てか、花ちゃんはどうしたい？タロー君のことが好き？
花ちゃん：うん。
キング君：じゃ、好きなら、好きって言えばいいんじゃね？
花ちゃん：それが難しいから、相談してるのに…。
キング君：まじなら、頑張れよ！

こないだ＝この間　　あのね➡表現ノートp.99　　どうゆう＝どういう　　実は：actually, the truth is/其実　　〜の➡表現ノートp.12　　そっか➡表現ノートp.38　　てか➡表現ノートp.15　　まじ：serious(ly)/认真(地)

モデル会話3（A：ヤマダ先輩／B：ギャル子）　　 no.30

ヤマダ先輩：ギャル子、①なんか元気ねえな。もしかして
　　　　　　こないだの②キング君とのデートで何かあったのか？
ギャル子　：なんか、うーん、③まじでデートだったのかと思って。
ヤマダ先輩：どういうこと？
ギャル子　：正直、④キング君ともう何回もご飯行ってるんだけど、次の約束がない
　　　　　　んですよね。
ヤマダ先輩：何、それ？
ギャル子　：⑤キング君ってあたしが誘うと行こうぜ！行こうぜ！って、言うんだけ
　　　　　　ど、本心はどうなのかって、まじで心配で。
ヤマダ先輩：そっか。でも、悩むことなくない？
　　　　　　実際⑥キング君は来たんだし、それ、デートだろ！
ギャル子　：そう？じゃ、⑦なんでキング君から誘ってくれないんだろ。
　　　　　　聞いてみましょうかね？
ヤマダ先輩：えっ？そんなことしたら、男はちょっと引くぞ。
ギャル子　：そう？ヤマダ先輩だったら、どうすんですか？
ヤマダ先輩：ていうかさ、ギャル子はどうしたい？キング君のことが好き？
ギャル子　：まあね。
ヤマダ先輩：じゃ、好きなら、好きって言えばいいだろ？
ギャル子　：それが難しいから、相談してるんですけど…。
ヤマダ先輩：まじなら、頑張れよ！

🔊 ドリル

　モデル会話の中の①〜⑦を入れ替えて、好きなキャラになりきって話してみよう。
（1）　①どうしてかわかりませんが、暗いですね。
　　　②（名前）と二人で帰ったときに何かあったんですか。
　　　③（名前）に嫌われたのではないかと思っています。
　　　④ラインをしても、返事が来ないんです。
　　　⑤（名前）は昨日は早く寝てしまってと言うんですけど。
　　　⑥（名前）はそう言っているのですし、それは本当なのですよ。
　　　⑦どうしていつも既読スルーなんでしょうか。

まじで➡表現ノートp.11　　あたし➡コラムp.16　　だろ？➡表現ノートp.51　　嫌う：to dislike/ 讨厌　　ライン（LINE）：Line/LINE　　既読スルー：not responding to a line message you read/ 已读不回

(2)　①どうしてかわかりませんが、疲れていますね。
　　　②バイト先で（名前）と何かあったんですか。
　　　③いろいろだめだと思っています。
　　　④（名前）と会うと、恥ずかしくて何も話せなくなってしまいます。
　　　⑤（名前）はいつも明るく話しかけてくれるのですけど。
　　　⑥（名前）はいつも話しかけてくれるのですし、楽しいんですよ。
　　　⑦どうして時々困った顔をするんでしょうか。

➡ フローチャート

フローチャートを見ながら、練習をしたり、会話の流れを確認したりしよう。

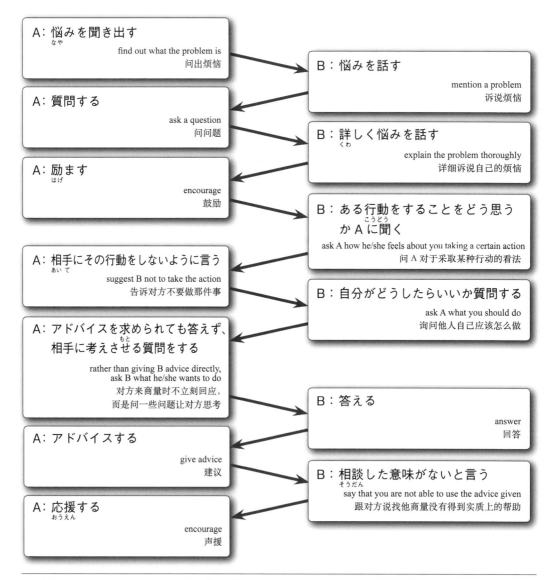

バイト先：work place (for part-time job)/ 打工处　　話しかける：to start a conversation/ 攀谈、搭话

ロールプレイ

ロールプレイカードAまたはBを見て、好きなキャラになって練習しよう。

ロールプレイ1

A
Bの悩みを聞き出してください。励ましたり、相手が変わった行動をしようとしたら止めてください。

B
Aに悩みを話してください。変わった行動をしようか迷っていると話してください。

ロールプレイ2

A
Bの悩みを聞き出してください。Bから質問されたことに質問で返してください。アドバイスしたり、応援したりしてください。

B
Aに悩みを話してください。自分がどうしたらいいか質問してください。Aの答えに納得できなくて、相談した意味がないと言ってください。

---

①
A: Find out what B's problem is. Encourage B, but if B says that he/she is going to take some type of action, suggest him/her not to do so.
B: Tell A about your problem. Say that you are considering taking a different action.

②
A: Find out what B's problem is. When B asks you for advice, ask B what he/she wants to do. Give advice and encourage B.
B: Tell A about your problem. Ask what you should do. Say that you are unfortunately not able to follow A's advice.

①
A: 问出B的烦恼。鼓励并阻止对方做出什么奇怪的行为。
B: 跟A倾诉烦恼，并说自己犹豫是否要做什么特别的行为。

②
A: 问出B的烦恼。用反问的方式回答B提出的问题。给对方建议并鼓励他。
B: 跟A倾诉烦恼，并问对方自己应该怎么办。告诉A不满意他的回答，找他商量没有得到任何帮助。

表現ノート

▶何、それ？

友だちことば。相手の言ったことに対して、「それはひどいですね」とか「それは変ですね」とかいうような否定的な感想を言うときに使います。

▶聞いてみよっかな？

友だちことば。正式には「聞いてみようかな」です。「食べてみようかな」→「食べてみよっかな」、「行ってみようかな」→「行ってみよっかな」などのように言います。

▶男の人はちょっと引くんじゃないかな
▶男はちょい引くぞ
▶男はちょっと引くぞ

話しことば。この場合の「引く」は、「気持ちが離れる」という意味で使います。

▶なんか元気ねえ（な）

友だちことば。正式には「ない（な）」です。主に男性が使います。「おもしろくない」→「おもしろくねえ」、「食べない」→「食べねえ」などのように言います。

▶何、それ？
Casual speech for friends. Used to express disbelief or disapproval in response to something the other person has said. Similar to「それはひどいですね」and「それは変ですね」.

▶聞いてみよっかな？
Casual speech for friends. The standard form is「聞いてみようかな」. Other examples are「食べてみようかな」→「食べてみよっかな」and「行ってみようかな」→「行ってみよっかな」.

▶男の人はちょっと引くんじゃないかな
▶男はちょい引くぞ
▶男はちょっと引くぞ
Casual conversational speech. In this case,「引く」means「気持ちが離れる」("to be put off").

▶なんか元気ねえ（な）
Casual speech for friends. The standard form is「ない（な）」. Mainly used by men.「おもしろくない」→「おもしろくねえ」,「食べない」→「食べねえ」.

▶何、それ？
日常同輩用語。"それはひどいですね（那太过分了）"或"それは変ですね（那太奇怪了）"，用于对对方说的话表达出否定想法之时。

▶聞いてみよっかな？
日常同輩用語。正式说法为"聞いてみようかな"。其他例子如"食べてみようかな"→"食べてみよっかな"或者"行ってみようかな"→"行ってみよっかな"等。

▶男の人はちょっと引くんじゃないかな
▶男はちょい引くぞ
▶男はちょっと引くぞ
口语。这里的"引く"表示"気持ちが離れる（疏远）"之意。

▶なんか元気ねえ（な）
日常同輩用語。正式说法为"ない（な）"，主要为男性用语，其他例子如"おもしろくない"→"おもしろくねえ"、"食べない"→"食べねえ"等等。

▶悩むことなくね？
▶悩むことなくない？

　友だちことば。正式には「悩むことはないんじゃない？」です。「悩む必要はないではないですか」という意味で使います。「食べることはないんじゃない？」→「食べることなくない？」、「行くことはないんじゃない？」→「行くことなくない？」のように言います。この言葉を使うと、友だち同士では親しみやすさを与えますが、それ以外の人には軽い印象を与えたり、意味が伝わらなかったりする場合があります。

LESSON 9　なんか元気ねえな。——悩みを聞き出す

▶悩むことなくね？
▶悩むことなくない？
Casual speech for friends. The standard form is「悩むことはないんじゃない？」("You don't have to worry about it."). It is short for「悩む必要はないではないですか」. Other examples are「食べることはないんじゃない？」→「食べることなくない？」and「行くことはないんじゃない？」→「行くことなくない？」. This expression is used to convey familiarity, but it may sound too casual for first encounters.

▶悩むことなくね？
▶悩むことなくない？
日常同辈用语。正式说法为"悩むことはないんじゃない？"，表示"不是没有必要烦恼吗"之意。其他例子如"食べることはないんじゃない？"→"食べることなくない？"、"行くことはないんじゃない？"→"行くことなくない？"等等。这个词语用在朋友之间，给人一种亲近感，但是对他人使用时，别人有可能无法理解。

Column | 花ちゃん・桜さんの話し方

　ここでは花ちゃんと桜さんの話し方について紹介します。花ちゃんと桜さんの話し方は一般的な女子学生の話し方です。語尾を変えることで、花ちゃんはかわいらしい話し方、桜さんは少しクールな話し方をしています。最近男女の話し方の違いも少なくなってきたので、二人の話し方はタロー君の話し方とも似ています。どのような話し方をするのかLesson 4のモデル会話を見てみましょう。

〈例1〉
花ちゃん：そうだね。でも、チーズといえば、ヨーロッパが本場じゃない？
桜さん　：確かに。だけど、チーズといえば、ヨーロッパが本場だよね？
ギャル子：だよね。でもさー、チーズといえば、ヨーロッパが本場じゃん？

〈例2〉
花ちゃん：日本のは種類が少ないし、特徴がないかなあ…。
桜さん　：日本のは種類が少ないし、特徴がないっていうか…。
ギャル子：日本のは種類が少ないし、特徴ないじゃん。

〈例3〉
花ちゃん：そんなにおすすめなら、今度食べてみたいな。
　　　　　タロー君のおごりでよろしくね。
桜さん　：そんなにおすすめなら、今度食べてみたい。
　　　　　ギャル子ちゃんのおごりでよろしく。
ギャル子：そんなにすすめんなら、今度食べてみたい。
　　　　　（名前）のおごりでよろしくー。

　ギャル子が語尾を伸ばして話すのに対して、花ちゃんと桜さんは「ね」や「よ」を使い、ソフトな話し方をしています。
　例2ではギャル子が言い切ったのに対して、花ちゃんと桜さんは曖昧な話し方をしています。語尾を言い切らないで、曖昧にすることで優しい印象を与えます。

※ギャル子の話し方はLesson 4にはありません。

一般的（な）：generally/ 通常　　女子：female/ 女性　　語尾：word ending/ 语尾　　かわいらしい：cute/ 很可爱　　クール（な）：cool/ 酷（的）　　男女：male and female/ 男女　　違い：difference/ 不同　　伸ばして：elongate/ 拉长　　～に対して：in contrast to/ 对～　　言い切る：to assert fully/ 说完、说到最后　　曖昧（な）：vague/ 暧昧（的）　　印象：impression/ 印象　　与える：to give/ 给

見た目だと、どんな感じ?

好みのタイプの外見や性格について質問する

Lesson 10 では好みのタイプの見た目・性格について話す練習をします。相手から答えがなかなか出ないときに、例を挙げて質問をする方法も練習します。

！ これができる

1. 好みのタイプの外見や性格について質問をすることができる。
2. 好みのタイプの例を挙げて質問することができる。

---

① You will be able to ask about someone's "type" (looks and personality).
② You will be able to ask about someone's type by using examples.

① 能询问喜欢类型的长相和性格。
② 能举出喜欢类型的例子来询问对方。

❓ ウォームアップ

- あなたの国ではどのような人が人気がありますか。
- あなたの好みのタイプはどのような見た目や性格の人ですか。

⚡ キーフレーズ

1. 好みのタイプの外見や性格について質問をする。
    - ▶見た目だと、どんな感じ？
    - ▶見た目だと、どんな感じですか？

2. 好みのタイプの例を挙げて質問する。
    - ▶セクシー系がいいとか、清楚な感じがいいとか？
    - ▶ロングがいいとか、染めてないほうがいいとか？
    - ▶カジュアル系がいいとか、モードな感じがいいとか？
    - ▶短髪がいいとか、染めてないほうがいいとか？

人気：popular/ 受欢迎　　好み：preference/ 爱好　　見た目：appearance/ 外表　　性格：personality/ 性格

真似して言ってみよう

モデル会話1（A：花ちゃん／B：タロー君） 🔊 no.31

花ちゃんとタロー君がお互いの好みのタイプについて話しています。

花ちゃん：タロー君って、どんな人がタイプなの？
タロー君：うーん、どうかな…。
花ちゃん：見た目だと、どんな感じ？
タロー君：うーん、①かわいい感じがいいな。
花ちゃん：へえ、そうなんだー、意外。じゃ、格好は？
　　　　　②セクシー系がいいとか、清楚な感じがいいとか？
タロー君：うーん、どっちでもいいかな。
花ちゃん：そうなんだね。髪型とかは気にしないの？
　　　　　③ロングがいいとか、染めてないほうがいいとか？
タロー君：髪型は似合ってれば、どっちでもいいかな。じゃ、花ちゃんはどうなの？
　　　　　④しゅっとした男が好きなんでしょ？
花ちゃん：見た目は関係ないよ。やっぱり性格が大切だよね。⑤優しい人がいいな。
タロー君：そっか。
花ちゃん：タロー君はどう？
タロー君：⑥気が強い人はちょっと…、明るくて優しい人がいいな。

Hana and Taro are talking about what types of people they like.

Hana: What's your type, Taro?
Taro: Um, let me see.
Hana: What about appearance-wise?
Taro: Um, ① I like cute girls.
Hana: Oh, really. I didn't expect that. So, what about the type of clothes? ② Sexy or pure?
Taro: Uh, both are okay.
Hana: Oh okay. What about hairstyles? ③ Like, long hair, or someone who doesn't dye her hair?
Taro: If the hairstyle suits the person, whichever is fine. What about you? ④ You like someone sophisticated, right?
Hana: I don't care about appearances. Personality is the most important. ⑤ I like someone nice.
Taro: I see.
Hana: What about you?
Taro: ⑥ I don't like aggressive people. I like cheerful and kind people.

小花和太郎聊着各自喜欢的类型。

小花：太郎，你喜欢什么类型的女生？
太郎：嗯，什么类型的哦……。
小花：外表看起来是什么样子？
太郎：嗯，①可爱型的吧。
小花：是哦，有点意外。那，穿着呢？②比较性感的？还是比较清纯的？
太郎：嗯，都可以啊。
小花：男生都这样。发型呢，你会不会在意？③长发比较好啦，或是不要染头发之类的？
太郎：发型，只要适合都可以啊。那，小花呢？④你喜欢长得帅的吗？
小花：长相不重要啦。我觉得还是性格比较重要。⑤温柔的男生比较好。
太郎：是哦。
小花：太郎呢？
太郎：⑥性格太强势的会有点儿……，我觉得还是开朗而且善良的吧。

モデル会話 2(A：ギャル子／B：ヤマダ先輩) 🔊 no.32

ギャル子　　：ヤマダ先輩ってさー、どんな人がタイプなんですか？
ヤマダ先輩：うーん、どうだろ…。
ギャル子　　：見た目だと、どんな感じですか？
ヤマダ先輩：うーん、①かわいい感じがいい。
ギャル子　　：へえ、ウケる、意外ですね。じゃ、格好は？
　　　　　　　②セクシー系がいいとか、清楚な感じがいいとか？
ヤマダ先輩：うーん、どっちでも。
ギャル子　　：そっか。髪型とかは気にしない感じですか？
　　　　　　　③ロングがいいとか、染めてないほうがいいとか？
ヤマダ先輩：髪型は似合ってりゃ、どっちでも。じゃ、お前はどうなんだよ？
　　　　　　　④しゅっとした男が好きなんだろ？
ギャル子　　：見た目は関係なし。やっぱ性格が大切でしょ。⑤優しい人がいいです。
ヤマダ先輩：そっか。
ギャル子　　：ヤマダ先輩はどうなんですか？
ヤマダ先輩：⑥気がつえー人は無理…、明るくて優しい人がいい。

ウケる➡表現ノート p.66　　そっか➡表現ノート p.38　　お前➡コラム p.89　　だろ？➡表現ノート p.51　　やっぱ＝やはり

モデル会話3（A：タロー君／B：桜さん）　　🔊 no.33

タロー君：桜さんって、どんな人がタイプなの？
桜さん　：うーん、どうかな…。
タロー君：見た目だと、どんな感じ？
桜さん　：うーん、①さわやかな感じがいいな。
タロー君：へえ、そうなんだー、意外。じゃ、格好は？
　　　　　②カジュアル系がいいとか、モードな感じがいいとか？
桜さん　：うーん、どっちでもいいかな。
タロー君：そうなんだね。髪型とかは気にしないの？
　　　　　③短髪がいいとか、染めてないほうがいいとか？
桜さん　：髪型は似合ってれば、どっちでもいいかな。じゃ、タロー君はどうなの？
　　　　　④かわいい子が好きなんでしょ？
タロー君：見た目は関係ないよ。やっぱり性格が大切だよね。⑤明るい人がいいな。
桜さん　：そっか。
タロー君：桜さんはどう？
桜さん　：⑥いい加減な人はちょっと…、しっかりしておもしろい人がいいな。

LESSON 10
見た目だと、どんな感じ？――好みのタイプの外見や性格について質問する

🔊 **ドリル**

モデル会話の中の①～⑥を入れ替えて、好きなキャラになりきって話してみよう。
(1)　①セクシー系がいいです。
　　　②おしゃれなのがいいですか、格好は気にしないのがいいですか。
　　　③ショートがいいですか、ストレートのほうがいいですか。
　　　④美人／イケメンがいいんでしょう。
　　　⑤優しい人が好きです。
　　　⑥気が弱い人は少し…、おもしろくて元気な人がいいです。

さわやか（な）：clean-cut/ 爽朗(的)　　カジュアル系：casual-type clothes/ 随性型　　モード（な）：trendy/ 流行(的)　　とか
➡表現ノートp.24　　～の➡表現ノートp.12　　短髪：short hair/短发　　いい加減（な）：irresponsible/不负责任(的)　　しっかりする：be responsible/ 可靠的　　おしゃれ（な）：stylish/ 时尚(的)　　気にする：to care about/ 介意　　ショート（髪型）：short (hair)/ 短发（发型）　　ストレート（髪型）：straight (hair)/ 直发（发型）　　美人：beautiful woman/ 美女　　イケメン：handsome man/ 帅哥　　気が弱い：faint of heart, timid/ 懦弱

(2) ①かっこいい人がいいです。
②モード系がいいですか、シンプルな感じがいいですか。
③おしゃれなのがいいですか、普通っぽいほうがいいですか。
④背が高い人が好みなんでしょう。
⑤おもしろい人がいいです。
⑥頑固な人は少し…、優しい人がいいです。

➡ フローチャート

フローチャートを見ながら、練習をしたり、会話の流れを確認したりしよう。

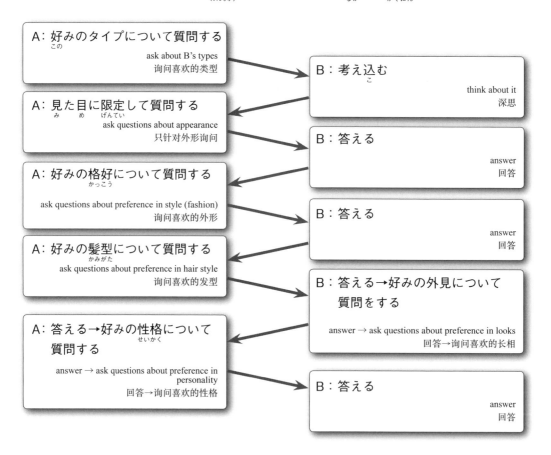

かっこいい：cool/ 帅　　シンプル（な）：simple/ 单纯(的)　　～っぽい➡表現ノート p.99　　頑固（な）：stubborn/ 顽固

ロールプレイ

ロールプレイカードAまたはBを見て、好きなキャラになって練習しよう。

ロールプレイ1

A
Bのタイプを聞いてください。Bがなかなか答えないので、まず見た目について質問してください。例を挙げて格好や髪形についても質問してください。

B
Aの質問に答えて、Aにも同じ質問をしてください。

ロールプレイ2

A
Bに紹介したい友だちがいます。Bのタイプを聞いてください。Bが会いたくなるようにその人について説明してください。

B
Aから友だちを紹介したいと言われます。その人が自分の好みではないことを説明して、他の人を紹介してもらってください。

---

①
A: Ask about B's type. Since B does not answer right away, start by asking about appearances. Ask questions using examples about fashion and hair style preferences.
B: Answer A's questions. Ask A the same questions.

②
A: There is someone you want to introduce to B. Ask about B's type. Describe the person to B, so that B will want to meet him/her.
B: A tells you there is someone he/she wants you to meet. Tell A that the person is not your type, and that you want A to introduce someone else to you.

①
A: 询问B喜欢的类型。B回答不太出来，因此先问长相。询问时举几个外形或发型的例子。
B: 回答A的问题，对A问相同的问题。

②
A: 想给B介绍一位朋友。询问B喜欢的类型。介绍对方的特征，让B想一见。
B: A说想介绍一位朋友给自己。告诉A那个人不是自己喜欢的类型，请他介绍其他人。

表現ノート

▶ うーん、どうかな…
▶ うーん、どうだろ…

友だちことば。相手の質問に対してどのように答えたらいいか困ったときに使います。

▶ 〜はちょっと

話しことば。友だちではなくても使う場合があります。「〜は好ましくない」「〜は都合が悪い」と考えているが、はっきり言いたくない場合に使います。はっきり言うと強すぎる印象を与えるので、この表現はよく使います。

▶ 髪型とかは気にしない感じですか？

話しことば。正式には、「髪型とかは気にしない？」です。「感じ」をつけることで、曖昧な意味になります。この言葉を使うと、友だち同士では親しみやすさを与えますが、それ以外の人には軽い印象を与えたり、意味が伝わらなかったりする場合があります。

▶ うーん、どうかな…
▶ うーん、どうだろ…
Conversational speech for friends. You use this when you are unsure about how to answer a question.

▶ 〜はちょっと
Casual conversational speech. Used not just with friends. This expression is used when you think that something is not preferable or if it doesn't suit you. It is the equivalent of 「〜は好ましくない」 or 「〜は都合が悪い」, but you don't want to be direct. This expression is used to convey familiarity, but it may sound too casual for first encounters.

▶ 髪型とかは気にしない感じですか？
Casual conversational speech. The standard form is 「髪型とかは気にしない？」. By putting 「感じ」 at the end, the question becomes a little vague. This expression is used among friends, but may not be appropriate during first encounters.

▶ うーん、どうかな…
▶ うーん、どうだろ…
日常同辈用语。用于不知如何回答对方的问题时。

▶ 〜はちょっと
口语。不一定要用在朋友之间。当人们觉得"〜は好ましくない（不喜欢〜）"或"〜は都合が悪い（不方便〜）"却不想明说之时使用这个表现。明说会让人觉得很强势，因此这个表现经常被使用。

▶ 髪型とかは気にしない感じですか？
口语。正式说法为"髪型とかは気にしない？"加上"感じ"就带有不明确感。这个词语用在朋友之间，给人一种亲近感，但是对他人使用时，会让人觉得有些随便或甚至无法理解。

▶髪型は似合ってりゃ、どっちでも
友だちことば。正式には、「似合っていれば」です。「動詞て形＋いれば」の省略形です。「食べていれば」→「食べてりゃ」、「行っていれば」→「行ってりゃ」などのように使います。

▶やっぱ性格が大切でしょ
友だちことば。正式には、「やっぱり」です。

▶気がつえー人は無理…
友だちことば。正式には、「気が強い」です。主にが使います。

▶髪型は似合ってりゃ、どっちでも
Conversational speech for friends. The standard form is 「似合っていれば」. It is an abbreviated form of 「動詞て形＋いれば」. Other examples are 「食べていれば」→「食べてりゃ」and「行っていれば」→「行ってりゃ」.
▶やっぱ性格が大切でしょ
Conversational speech for friends. The standard form is 「やっぱり」.
▶気がつえー人は無理…
Conversational speech for friends. The standard form is 「気が強い」 ("aggressive/strong-willed"). Mainly used by men.

▶髪型は似合ってりゃ、どっちでも
日常同輩用语。正式说法为"似合っていれば"。"動詞て形＋いれば"的省略形式。其他例子如"食べていれば"→"食べてりゃ"、"行っていれば"→"行ってりゃ"等等。
▶やっぱ性格が大切でしょ
日常同輩用语。正式说法为"やっぱり"。
▶気がつえー人は無理…
日常同輩用语。正式说法为"気が強い"。主要为男性用语。

Column あいづち

　会話の中で「あいづち」を全く打たない言語はありません。日本語は、会話の中であいづちを打つことが他の言語に比べて、多いです。以下の会話を見てみましょう。

> ギャル子：英語のクラス、まじ、やばい。
> 花ちゃん：えー、本当？
> ギャル子：それがさー、テストで連続して0点取っちゃって。
> 花ちゃん：うそー。
> ギャル子：また点数悪いと、単位落とすかも。
> 花ちゃん：えー。
> ギャル子：レポートとか書いて許してもらえないかな。
> 花ちゃん：そうだね、一度、先生にお願いしてみたら？
> ギャル子：うん。

　このように、ギャル子が話している間に、花ちゃんは「えー、本当？」「うそー」「えー」など、あいづちを打っています。ギャル子のほうもあいづちがあるのを予測し、文を切って話しています。つまり、二人の会話にはあいづちがあることが当然として進んでいます。

　もしあいづちを打たないで、ずっと黙って聞いていると、日本語では「この人、私の話をちゃんと聞いてくれているのかな」「私の話、おもしろくないのかな」など話し手は不安に思ってしまうかもしれません。あいづちを打つのは難しそうに見えますが、話し手の言ったことに反応するというくらいで十分です。たとえば、「うん」「そう」「ふうん」「なるほど」「へえー」などを少し会話に入れるだけでもいいでしょう。うなずくだけでも、印象は良くなるでしょう。

あいづち：interjections during a conversation (e.g., uh huh)/ 随声附和　　全く：not at all/ 完全　　言語：language/ 语言　　まじ ➡ 表現ノート p.11　　やばい：terrible/ 大事不妙　　連続して：consecutively, one after another/ 连续　　点数：score/ 分数　　単位：credit/ 学分　　許す：to forgive/ 允许　　予測する：to predict/ 预测　　文：sentences/ 句子　　つまり：in other words/ 即　　当然（な）：natural/ 当然　　黙る：to be silent/ 沉默　　ちゃんと：well/ 认真地　　不安（な）：worry/ 不安（的）　　相手：partner/ 对方　　反応する：to react/ 反应　　うなずく：to nod/ 点头　　印象：impression/ 印象

講談っていっても何っていう感じだよね?

相手が知らないことに興味を持たせる

　Lesson 11 では相手が知らないことに興味を持たせる練習をします。よく知られているものと比べながら、説明をしましょう。また、わからないことがあるときは確認したり、質問したりしましょう。

！これができる

1. 相手が知らないことに興味を持たせることができる。
2. 相手に強く勧めることができる。
3. 相手の勢いに押されながらも相手の誘いに乗ることができる。

---

① You will be able to get a person interested in something new.
② You will be able to strongly recommend something.
③ You can agree to do something that someone has urged you to do.

① 能让对方对不知道的事情产生兴趣。
② 能向对方大力推荐某事。
③ 能顺势接受对方的邀约。

？ ウォームアップ

- あなたは自分が興味がないことでも新しいことに挑戦してみたいですか。それはどうしてですか。
- あなたには珍しい趣味がありますか。それは何ですか。

⚡ キーフレーズ

1. 相手が知らないことに興味を持たせる。
    - ▶講談っていっても何っていう感じだよね？
    - ▶講談っていってもさー、何じゃそれっていう感じだろ？
    - ▶講談っていってもさー、何それっていう感じ？

2. 相手に強く勧める。
    - ▶絶対はまるって！
    - ▶間違いなくはまるから！
    - ▶まじはまるぞ！
    - ▶絶対はまるから！
    - ▶まじはまるって！
    - ▶まじではまるから！

3. 相手の勢いに押されながらも相手の誘いに乗る。
    - ▶そこまで言うなら、経験として1回くらい行くのもいいかもね。
    - ▶そこまで言うなら、経験として1回くらい行ってやるかー。

挑戦する：to try, to challenge oneself to do something/ 挑战

真似して言ってみよう

モデル会話1 （A：桜さん／B：花ちゃん） no.34

桜さんと花ちゃんは同じカフェでアルバイトをしています。

花ちゃん：ああ、やっと終わった。疲れたね。
桜さん　：今日も忙しかったね。明日もそうかも。
　　　　　それより花ちゃん、今度の土曜日、暇？
花ちゃん：お昼ちょっと用事あるけど、夕方空いてるよ。
桜さん　：おっ、ちょうどいい！これ、見て。（チラシを見せる）
花ちゃん：①こ・う・だ・ん？
桜さん　：そっ、①講談っていっても何っていう感じだよね？
花ちゃん：うん…、②落語なら知ってるんだけど。
桜さん　：全然違うよ！
　　　　　③梅さんが言うには、講談って、続き物の長い話とかを語るの。
花ちゃん：えっと、その人、誰？
桜さん　：あっ、④私がはまってる講談師。
花ちゃん：へえ。
桜さん　：⑤落語に出てくる泥棒はばかっぽい感じだけど、講談の方はすっごくクー
　　　　　ルなんだから！これまた⑥梅さんの受け売りだけど。
　　　　　絶対はまるって！
花ちゃん：そっ、そうなんだ…。

LESSON 11
講談っていっても何っていう感じだよね？――相手が知らないことに興味を持たせる

Sakura and Hana work at the same café.

Hana: Phew, finally done. So tiring, right?
Sakura: We were so busy today. Maybe tomorrow will be the same way. By the way, are you free next Saturday?
Hana: I have something in the afternoon, but I'm free in the evening.
Sakura: Oh, that's perfect! Look at this. (shows a flyer)
Hana: ① Koudan?
Sakura: Uh-huh. I know, you're like, "What's a ① kodan?"
Hana: Yeah, I know ② rakugo, but...
Sakura: It's totally different. ③ According to Ume, raukgo stories are short, but kodan stories are longer.
Hana: Who's Ume?
Sakura: Oh, ④ he's a kodan performer that I'm into.
Hana: I see.
Sakura: ⑤ The thieves that appear in rakugo are pretty silly, but in kodan they are so cool.　⑥ Again, that's what Ume says. But I'm sure you'll like it, too.
Hana: Oh, you think so?

小樱和小花在同一家咖啡馆打工。

小花：啊，终于结束了。好累哦。
小樱：今天也很忙呢。明天也一样吧。对了，小花这个星期六，有空吗？
小花：中午有点儿事，傍晚有空。
小樱：哦，太好了！你看，这个。（给她看广告单）
小花：① JIANG？ TAN？
小樱：对，①讲谈（日本传统曲艺，类似评书），说了也不知道是什么，对吧。
小花：嗯……。②落语（日本传统曲艺，类似单口相声）的话，我还知道。
小樱：完全不一样！③梅先生说，讲谈，就像讲长篇的连载小说那样。
小花：欸，你说的是谁？
小樱：啊，④他是我喜欢的讲谈师。
小花：哦！
小樱：⑤在落语中出现的小偷儿都像傻子，但是出现在讲谈里，就变得很酷！这些话也是⑥从梅先生那里现学现卖的。你绝对会迷上的。
小花：哦，是哦……。

桜さん　　：⑦梅さんは講談師の中で一番すごいからね！
花ちゃん：なんか桜さん、いつもと違って熱いね。
桜さん　　：間違いなくはまるから！行こうよ、一緒に。
　　　　　　一生のお願い、行こう！
花ちゃん：そこまで言うなら、経験として１回くらい行くのもいいかもね。

Sakura: ⑦ Out of all the kodan performers, Ume is the best!
Hana: Sakura, you're on fire!
Sakura: I'm so sure you are going to love it. Why don't you come with me? Do me this favor, come on!
Hana: Well, okay, if you really want me to. It might be an interesting experience.

小樱：⑦梅先生是最厉害的讲谈师呢！
小花：小樱难得这么热血沸腾，跟平时很不一样呢。
小樱：你绝对会喜欢的！走啦，一起去。就求你这一次，一起去吧！
小花：你都这么说了，我就去体验一次也不错。

モデル会話2（A：ヤマダ先輩／B：ギャル子） 🔊 no.35

LESSON 11

ヤマダ先輩とギャル子は同じラーメン屋でアルバイトをしています。

ギャル子　　：ああ、やっと終わった。疲れましたね。
ヤマダ先輩：今日も忙しかったな。明日もそうかもな。
　　　　　　それよりギャル子、今度の土曜日、暇か？
ギャル子　　：昼ちょい用あるけど、夕方暇してる。
ヤマダ先輩：まじ？ちょうどいいな！これ、見ろよ。（チラシを見せる）
ギャル子　　：①こ・う・だ・ん？
ヤマダ先輩：そっ、①講談っていってもさー、何じゃそれっていう感じだろ？
ギャル子　　：正直知らない…、②落語なら知ってるけど。
ヤマダ先輩：全然別もん。
　　　　　　③梅さんが言うには、講談って、続きもんの長げえ話とか語んの。
ギャル子　　：えっと、そいつ、何者？
ヤマダ先輩：あっ、④オレがはまってる講談師。
ギャル子　　：まじ？そっち。
ヤマダ先輩：⑤落語に出てくる泥棒ってあったま悪い感じだけど、講談の方ってすげ
　　　　　　えクールで！これまた⑥梅さんの受け売りだけど。
　　　　　　まじはまるぞ！
ギャル子　　：そっ、そっか…。
ヤマダ先輩：⑦梅さんは講談師の中で一番すげーし。
ギャル子　　：なんかヤマダ先輩、いつもと違って熱いね。
ヤマダ先輩：絶対はまるから！行こうぜ、一緒に。
　　　　　　一生のお願い、行こうぜ！
ギャル子　　：そこまで言うなら、経験として1回くらい行ってやるかー。

講談っていっても何っていう感じだよね？──相手が知らないことに興味を持たせる

ラーメン屋：ramen shop/ 拉面店　　暇か➡コラム p.79　　ちょい＝ちょっと　　まじ➡表現ノート p.11　　正直➡表現ノート p.100　　そいつ＝その人　　何者＝誰　　オレ➡コラム p.16　　あったま＝頭　　すげえ➡コラム p.53／表現ノート p.100　　〜ぞ➡コラム p.79　　そっか➡表現ノート p.38　　〜ぜ➡コラム p.41

モデル会話3（A：ギャル子／B：タロー君） 🔊 no.36

　　ギャル子とタロー君は同じラーメン屋でアルバイトをしています。

タロー君：ああ、やっと終わった。疲れたね。
ギャル子：今日も忙しかったね。明日もそうかも。
　　　　　それよりタロー君、今度の土曜日、暇してない？
タロー君：昼はちょっと用事あるけど、夕方空いてるよ。
ギャル子：まじ？ちょうどいい！これ、見て。（チラシを見せる）
タロー君：①こ・う・だ・ん？
ギャル子：そっ、①講談っていってもさー、何それっていう感じ？
タロー君：ごめん、全然知らない、②落語なら知ってるけど。
ギャル子：ガチ別もんだし。
　　　　　③梅さんが言うには、講談ってさ、続きもんの長い話とか語るやつ。
タロー君：えっと、その人って、誰？
ギャル子：あっ、④あたしがはまってる講談師。
タロー君：へえ。
ギャル子：⑤落語に出てくる泥棒って、あったま悪い感じだけど、講談の方って超
　　　　　クールだし！これまた⑥梅さんの受け売りだけど。
　　　　　まじはまるって！
タロー君：そっ、そっか…。
ギャル子：⑦梅さんは講談師の中で一番すごいし。
タロー君：なんかギャル子、いつもテンション高いけど、今日すごく高いね。
ギャル子：まじではまるから！行こう、一緒に。
　　　　　一生のお願い、行こう！
タロー君：そこまで言うなら、経験として1回くらい行くのもいいかもね。

あたし➡コラム p.16　　超➡表現ノート p.100　　テンション：energy level/ 緊張感

🔊 ドリル

モデル会話の中の①〜⑦を入れ替えて、好きなキャラになりきって話してみよう。

(1)　①マクロビ体験
　　　②ベジタリアン
　　　③ヒガシさんが言うにはマクロビは自然と一緒に生きるライフスタイルです。
　　　④マクロビオティックの第一人者です。
　　　⑤ベジタリアンは動物性のものを食べないで、マクロビはその土地でとれたものを丸ごと食べますので。
　　　⑥ヒガシさんのSNSを見ただけですが。
　　　⑦体の中からきれいになれますから。

(2)　①ムエタイ
　　　②キックボクシング
　　　③プアアーシが言うにはムエタイはタイの歴史がある国技です。
　　　④私がムエタイを習っている先生です。
　　　⑤キックボクシングはキックもパンチも同じ点数をもらえますが、ムエタイはパンチよりキックが重要なんです。
　　　⑥先生の本に書いてあったことですが。
　　　⑦ダイエットにもいいですから。

LESSON 11
講談っていっても何っていう感じだよね？──相手が知らないことに興味を持たせる

マクロビ（マクロビオティック）：macrobiotic/ 养生饮食法　　体験：experience/ 体验　　ベジタリアン：vegetarian/ 素食主义者　　自然：nature/ 自然　　ライフスタイル：lifestyle/ 生活方式　　第一人者：leading expert/ 领导人物　　動物性：animal-based/ 动物性　　土地：land, area/ 土地　　丸ごと：whole/ 整个　　SNS：social networking system/ 社群网站　　ムエタイ（スポーツの種類）：Muay Thai boxing (sports)/ 格斗技（运动种类）　　キックボクシング（スポーツの種類）：kickboxing (sports)/ 泰式拳击（运动种类）　　タイ（国名）：Thailand (country name)/ 泰国（国名）　　国技：national sport/ 国技　　キック：kick/ 踢拳　　パンチ：punch/ 出拳　　点数：score/ 分数　　重要（な）：important/ 重要（的）　　ダイエット：diet/ 减肥

➡ フローチャート

フローチャートを見ながら、練習をしたり、会話の流れを確認したりしましょう。

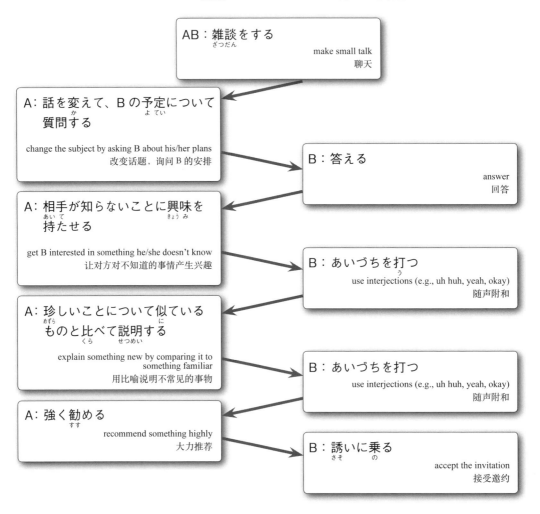

🗂 ロールプレイ

ロールプレイカードAまたはBを見て、好きなキャラになって練習しよう。

ロールプレイ１

A
あなたが知っている珍しいことについて、何か似ているものと比べながら、Bに説明してください。最後に一緒にしようと誘ってください。

B
Aが話したことについて確認したり、質問したりしてください。最後に誘いに乗ってください。

ロールプレイ２

A
Bに珍しい趣味について、興味をもってもらえるように話して、誘ってください。

B
Aが話したことについて確認したり、質問したりしてください。最後に誘いに乗ってください。

---

①
A: Explain something that not many people know by comparing it to something that B may be familiar with. Invite B to go with you.
B: Try to confirm your understanding of what A has talked about to things you know. Ask A questions. In the end, accept the invitation.

②
A: Explain to B about a hobby you have in a way that makes B interested, and invite him/her to an event related to the hobby.
B: Try to confirm your understanding of what A has talked about to things you know. Ask A questions. In the end, accept the invitation.

①
A: 用比喻对B说明你知道但不常见的事情。最后邀请B一起做。
B: 确认并问A说的话。最后答应邀约。

②
A: 让B对一项很少见的爱好产生兴趣，并邀请他一起做。
B: 确认并问A说的话。最后答应邀约。

LESSON 11

講談っていっても何っていう感じだよね？——相手が知らないことに興味を持たせる

表現ノート

▶講談っていっても何っていう感じだよね？
▶講談っていってもさー、何じゃそれっていう感じだろ？
▶講談っていってもさー、何それっていう感じ？

友だちことば。正式には「〜といっても、それは何かわからないという印象（がする）でしょう？」です。「何じゃそれ？」は主に男性が使います。

▶梅さんが言うには　　みんな

誰が言ったことなのかをはっきり示して言うときに使います。「〜さんによると〜だそうです」と同じ意味です。

▶そこまで言うなら　　みんな

話しことば。相手から強く勧められて、それをすることにした場合に使います。相手の意見を尊重したという意味が込められています。

▶ガチ別もんだし

友だちことば。正式には「全く別のもの」です。「ガチ」は「真剣に」という意味で使われる場合が多いです。この言葉を使うと、友だち同士では親しみやすさを与えますが、それ以外の人には軽い印象を与えたり、意味が伝わらなかったりする場合があります。

▶講談っていっても何っていう感じだよね？
▶講談っていってもさー、何じゃそれっていう感じだろ？
▶講談っていってもさー、何それっていう感じ？
Casual speech for friends. The standard form is「〜といっても、それは何かわからないという印象（がする）でしょう？」.「何じゃそれ？」is mainly used by men.

▶梅さんが言うには
You use this to refer to something somebody else has said. It has the same meaning as「〜さんによると〜だそうです」.

▶そこまで言うなら
Casual conversational speech. Used when someone strongly urges you to do something and you decide to do so. It means that you defer to the other person.

▶ガチ別もんだし
Casual speech for friends. The standard form is「全く別のもの」.「ガチ」is often used to mean「真剣に」("seriously"). This expression is used to convey familiarity, but it may sound too casual for first encounters.

▶講談っていっても何っていう感じだよね？
▶講談っていってもさー、何じゃそれっていう感じだろ？
▶講談っていってもさー、何それっていう感じ？
日常同輩用語。正式说法为"〜といっても、それは何かわからないという印象（がする）でしょう？"。"何じゃそれ？"主要为男性用语。

▶梅さんが言うには
用于明确表示是谁说的话。跟"〜さんによると〜だそうです（根据〜先生／小姐说的，〜）"同义。

▶そこまで言うなら
口语。用于在听完对方的推荐后，自己决定做那件事之时。表示尊重对方的意见。

▶ガチ別もんだし
日常同輩用語。正式说法为"全く別のもの"。"ガチ"常等同"真剣に（认真的、拼命做事的）"之意。这个词语用在朋友之间，给人一种亲近感，但是对他人使用时，会让人觉得有些随便或甚至无法理解。

| Column | 語順(ごじゅん) |

　日本語の語順は習慣的に決まっている正しい順番というのはありますが、比較的自由に順番を入れ替えることができます。次の例を見てみましょう。

> ギャル子：行ってきたよ、ディズニーランド！キング君と。
> 花ちゃん：あ、行ったんだ！ディズニーランド。

　ここでは、ギャル子の話の語順は本来は「キング君とディズニーランドへ行ってきたよ」のようになりますが、花ちゃんとの間では"キング君とディズニーランドへ行く"という話は共有されていたので、"行ってきた"という結果を伝えたい気持ちが一番になって、始めに「行ってきたよ」と言っています。花ちゃんも「あ、行ったんだ」というところを一番に答えています。会話の中ではこのように言いたいことを先に言うことがあります。

> （キング君が、自転車で走ってきて、道にいたタロー君に言う）
> キング君：邪魔だ、そこ！お前！
> タロー君：危ないぞ！お前！気をつけろ！

　自転車でスピードを出して走ってきたキング君は、道にいたタロー君に「そこにいるお前が邪魔だ」と言いたかったのです。そして、タロー君は「お前が危ないぞ」と答えました。
　目上の人と話すときには、きちんと話そうとするので、基本的に正しい語順になりますが、それでも、語順が変わるのは特に失礼になるわけではありません。以下の学生の話は全く問題ありません。

> 学生：お持ちしましょうか？先生、そのカバン。
> 先生：あ、ありがとう。じゃ、お願いするよ。

LESSON 11
講談っていっても何っていう感じだよね？──相手が知らないことに興味を持たせる

語順：word order/ 语顺　　習慣的（な）：habitual/ 习惯(的)　　順番：order/ 顺序　　比較的：comparatively/ 比较　　入れ替える：to switch/ 替换　　例：example/ 例子　　本来：originally/ 原本　　共有する：to share, to understand/ 共有　　結果：result/ 结果　　～ところを（～と言うところを）：place, the place where it says ~/ 正在~的时候（在说~的时候）　　先に：beforehand/ 之前　　スピード：speed/ 速度　　目上：someone senior to you, older people/ 长辈　　きちんと：properly/ 规规矩矩地　　基本的（な）：basically/ 基本(的)　　それでも：but still/ 即使　　全く：not at all/ 完全

教師用巻末資料

ロールプレイのヒント …… 136

学習項目一覧 …… 138

参考文献 …… 141

ロールプレイのヒント

　本書の練習の最後には、ロールプレイがあります。キーフレーズを学び、モデル会話で使用場面や使い方を確認した後に、学習者自身が友だちことばで話せるようにします。テキストどおりにロールプレイを進めることもできますが、学習者が飽きないように、授業をさらに楽しくするためのいくつかのアイディアを紹介します。

💡 アイディア1　　まとめの練習としてペアを変え、予測できない展開を楽しむ

　よくできる学習者が多いクラスでは、練習したペアとは異なるペアを決め、その相手からどのような発言が出るか予測できない状態で練習させてもいいでしょう。
　このアイディアはいずれの Lesson でも使用できます。このときは間違えた点を指摘するだけではなく、よかった点や他の学習者にとって役に立ちそうなフレーズも取り上げることで、学習者のモチベーションもアップするでしょう。

💡 アイディア2　　俳優や監督になった気分で演じる

　ロールプレイは学習活動の中で能動的な活動です。静かで恥ずかしがり屋の学習者ばかりだと、盛り上がらないこともあります。「はじめに」でも書いたように、本書のロールプレイではキャラクターになりきることから、ロールプレイが苦手でも楽しく取り組むことができます。楽しみながら学べるようになったら、いくつか工夫をしてみるのもいいでしょう。
　たとえば、Lesson 8 のロールプレイを練習した次の授業で、学習者自身にその設定に必要な小道具（目を引く特徴のある T シャツやかばん）を持参してもらい、学習者に俳優になったつもりで演じてもらい、教師が監督役で、映画撮影のように録画をします。録画をしたら、それを見ながらフィードバックもできるでしょう。

💡 アイディア3　　カードやシートを用意し、応用練習をする

　ロールプレイカードとは別のカードやシートを用意すると、ロールプレイの練習の幅が広がります。
　例として、Lesson 2 で使えるアイディアを2つ紹介します。一つ目はまず、連絡先交換を断る理由を書いたカードを教師が作成します。アルバイト、サークル以外に、テレビを見る、寝る、犬と遊ぶ、などの理由があってもおもしろいでしょう。カードを用いて、モデル会話同様に断る練習ができます。二つ目は、よくできる学習者がいるクラスで、連絡先を交換するパターンで練習をし、実際に交換をさせ、友だち作りをさせてもよいでしょう。
　Lesson 3 で使えるアイディアとして、このようなものはいかがでしょうか。教師が誰でも知っている有名人の写真とそのプロフィールが書かれたシートを準備し、その有名人がク

ラスメートであるという設定にします。有名人は、学習者がよく知っている芸能人、歴史上の人物、アニメのキャラクターでもいいでしょう。そのシートを用いて、クラスのメンバーでそれぞれ話しかける練習をしてみると、おもしろい展開が繰り広げられるでしょう。その際にペアでモデル会話の後半の雑談部分を自由に作らせます。話しかけるシーンと後半の雑談をどれくらい工夫して作成できるかが楽しむポイントになります。

アイディア4　自分の話したい会話のシナリオを作る

　学習者をペアにして、それぞれがキャラクターを選択し、話の流れを考えさせます。シナリオを考え、ペアで会話練習をし、発表します。

　たとえば、Lesson 1 では、出身地について話す、Lesson 5 では、映画、スポーツ、コンサートに誘うといった状況を提示するといいでしょう。モデル会話で会話のベースを練習した上で、同じ状況で自分の話したい内容に変えて話す練習をすることで、より実践的な練習ができ、習得効果が高まります。また、本当に自分が話したい内容の会話を練習することで、モチベーションが高まるでしょう。

アイディア5　コミュニケーションがとりにくいキャラクターを設定し、話す練習をする

　実際の社会生活では6名のキャラクターのように積極的で親切な発話をするキャラクターばかりではありません。そのような相手にも対応できるような会話を練習することは、実践的な練習になります。できれば、コミュニケーションがとりにくいキャラクターの会話を学習者に作らせてみることで、学習者自身が実は相手にとってコミュニケーションをとりにくい発話をしていないか意識できるのではないでしょうか。進め方としては、学習者をペアやグループにして、コミュニケーションをとるのが嫌いなキャラクターを設定し、発話内容を考えさせ、ペアで会話練習をし、発表します。

アイディア6　いくつかの Lesson の内容をつなげ、脚本を作る

　すべての Lesson が終わったあとで長いストーリーにすることで、より現実感のある会話練習ができます。また、複数のキャラクターが登場する脚本を作成し、演技をすることで、活気のある活動ができます。表情、しぐさなどノンバーバルなコミュニケーションも併せて練習できます。脚本作成は達成感が大きく、楽しい練習になるでしょう。

　たとえば、連絡先を教えてもらおうとするが断られ（Lesson 2）、友だちに悩みを相談し（Lesson 9）、何かに誘う（Lesson 5）という一連の流れを脚本にします。それぞれのキャラクターに適した発話を考え、動作も交えて練習します。

学習項目一覧

*キーフレーズはタロー君、花ちゃん、桜さんのみ取り上げています。

	これができる	指導上のポイント	キーフレーズ
1	① 友だちを見かけたときに話しかけることができる	どんな場面・状況でも自然に話しかけることができれば、そこからコミュニケーションがスタートします。特別な言葉で話しかける必要はありません。まず、定型の表現を覚えて、話しかけることがポイントです。	「あっ、（名前）、お疲れー。」 タロー君、花ちゃん
1	② 話題を変えることができる	話題を変えることは、話を続けたい気持ちを表します。話題を変えながら、長く話を続けることができるようになれば、会話の相手も楽しくなるでしょう。定型の表現を覚えてタイミングよく話題を変えるのがポイントです。	「ねえ、そういえば、（名前）って、出身どこなの？」 タロー君 「ねえねえ、そういえば、（名前）って、出身どこなの？」 花ちゃん
1	③ 友だちがした質問と同じことが質問できる	話の流れに沿って、相手について質問を投げかけることは、相手に興味があることを示すことです。お互いに相手への興味を示すことで、会話が続きます。相手の質問に答えるのに続けて、相手に同じ質問をするのがポイントです。	「（名前）は？」 タロー君、花ちゃん
2	① 連絡先を聞く	仲良くなることの第一歩は連絡先を聞くことです。現在では、LINE、Twitter など様々な連絡手段があります。まずは友だちが何を使用しているか聞くのがポイントです。	「そういえば、（名前）って、SNSとかやってる？」 タロー君、桜さん
2	② 相手が嫌な気持ちにならないように断ることができる	断ることは難しいですが、断らなければならない場合もあります。相手が嫌な気持ちにならないように断れるようになれば、友だちとのよい関係が続きます。はっきりと拒絶の表現を使わずに、「また今度」可能性があるかのような断り方をするのがポイントです。	「うん、いいけど、私、そろそろ行かなきゃだから。また今度でもいい？」 花ちゃん
2	③ 話を終わりにすることができる	不自然な話の終わらせ方は、相手が失礼に感じます。自然に話を終わらせる技術があれば、友だちとのよい関係を維持できます。「〜あるから」のように、理由を言って断るのがポイントです。	「じゃ、体育の授業あるから、行くね。」 花ちゃん
3	① 知っている人かどうか確認することができる	知っている人かどうか確認するのは、以前から相手に興味を持っていたことを示すことです。「たしか〜でしたっけ」は、以前から知っていたということを示す表現ですから、これを使えるようになることがポイントです。	「たしか（名前）でしたっけ？」 タロー君、桜さん
3	②「ですますことば」から「友だちことば」に変えて話していいか確認することができる	「ですますことば」から「友だちことば」に変えれば、友人関係になれます。唐突に「友だちことば」で話し始めるのは馴れ馴れしい印象を与える可能性があります。まずは「友だちことば」に変えてもいいか尋ね、友だちになりたいという意思を示すのがポイントです。	「えっと、タメ語でもいいですか。」 桜さん 「じゃ、敬語じゃなくていい？」 桜さん
3	③ 仲良くなるために名前の呼び方を聞くことができる	名前の呼び方を聞くのは、仲良くなりたい気持ちを示すことです。「友だちことば」を使う了解を得たら、名前もニックネームなどに変えるといいでしょう。「友だちことば」になったらすぐに名前の呼び方を聞くのが自然な会話の流れのポイントです。	「何て呼んだらいい？」 花ちゃん、タロー君

4	① 自分のおすすめをアピールすることができる	自分の意見を伝えるときには、押し付けがましくなく伝えるのが、不快な印象を与えないコツです。文末は言い切らないで、「でしょ」「だよね」のように共感を求める表現を使うのがポイントです。	「やっぱりヨーロッパのチーズが一番でしょ！」花ちゃん 「やっぱりヨーロッパのチーズが一番だよね！」桜さん
	② 相手を認めつつ、自分の意見を言うことができる	相手と異なる意見を言うときは、相手に不快な印象を与えがちです。そうならないために、まず相手の意見を認めてから、自分の意見を言うのがポイントです。	「そうだね。でも、チーズといえば、ヨーロッパが本場じゃない？」花ちゃん 「確かに。だけど、チーズといえば、ヨーロッパが本場だよね？」桜さん
5	① 控えめに食事に誘うことができる	誘うときは相手の気持ちや都合に配慮して、独りよがりにならない誘い方をする必要があります。「あの…、もしよかったら、〜とうれしいんだけど…」のような遠慮がちな前置き表現、文末表現を重ねて使うのがポイントです。	「あの…、もしよかったら、ランチ付き合ってもらえるとうれしいんだけど…。」花ちゃん
	② 相手のことを考えて苦手な食べ物を聞くことができる	相手に対する配慮の気持ちを表すフレーズです。「何か」「〜とか」を使って、その他にも要望があったら伝えて欲しいという気持ちを表すことがポイントです。	「何か苦手な食べ物とかある？」花ちゃん
	③ 相手が予定を変更しやすいように、都合を考えて話すことができる	これも相手に対する配慮を表すフレーズです。「〜しよう！」「〜し合おう！」と、相手と自分が一緒に予定を変更するという気持ちを表す表現を使うのがポイントです。	「もし都合悪くなったら、リスケしよう！」タロー君 「もし都合が悪くなったら、もう一度連絡し合おう！」花ちゃん
6	① どんな話をするか予告することができる	前置き表現を使って、相手にこれからどんな話をするか知ってもらうことは、相手に聞く準備をしてもらえるので、話の内容を理解してもらいやすいです。「知ってる？」から話を始め、「〜の話」と続けて話のテーマを2番目に伝えるのがポイントです。	「知ってる？（名前）の高校時代の話。」タロー君、桜さん 「それより知ってる？（名前）の話。」桜さん
	② うわさ話をすることができる	自分が直接知っている話なのか、人から聞いた話なのかをはっきり示して伝えることは大切です。文末に「〜らしいよ」を使うことがポイントです。	「（名前）って陸上部に入ってて、期待の星って呼ばれてたらしいよ。」タロー君、桜さん 「今度テレビに出るらしいよ。」桜さん
	③ 驚きを表すことができる	相手の話を聞いた際に、相手が期待する反応が即座にできれば、話が続きやすいです。驚きを表す「友だちことば」はたくさんあります。自分にあった表現をタイミングよく使うことがポイントです。	「本当？（名前）が陸上部なんて意外すぎるね！」花ちゃん 「ほんとー？」花ちゃん 「まじっすか？」タロー君
7	① 相手の見慣れない様子を指摘することができる	相手がいつもと違う様子や行動をしたときに、すぐに気が付いて話題にすることは、相手に関心があることを示すことです。定型のフレーズを使って、話題にできるようになることがポイントです。	「（名前）、スーツなの？見慣れないなあ。」花ちゃん
	② 将来の希望を控えめに言うことができる	自身の希望を強く言うと独りよがりで自信過剰な印象を与える恐れがあります。「できたら、〜たいんだけど」というような控えめな意思を述べる表現を使うのがポイントです。	「できたら、いろいろな国の人と働きたいんだけど。」タロー君
	③ 励まし合うことができる	相手を励ますだけではなく、自分も一緒に頑張るという気持ちの表明は、友だちであるという意識を強くします。「お互い」という言葉と、「〜なくちゃね」という表現を使うことがポイントです。	「お互い、頑張んなくちゃね。」花ちゃん

8	① 友だちの変化に気がついてほめることができる	Lesson 7①と同様に、相手がいつもと違う様子や行動をしたときに、すぐに気が付いて話題にすることは、相手に関心があることを示すことです。さらにその変化を褒めることは、双方の関係を大変良好にします。「あれ」で気が付いたことを示し、「すっごくいいね」など、褒める表現をうまく使うことがポイントです。	「あれ、その髪型、すっごくいいね！」花ちゃん 「あれ、その髪型、すごくいいじゃないですか！」桜さん
	② 出来事の進展について質問することができる	相手に関する物事の進展など相手の個人的な事情について詳しいことを尋ねるのは、会話の技術が必要です。決まった表現を覚えて、自然に使えるようになることがポイントです。	「でも、なんで急にそんな展開になったの？」花ちゃん
	③ 相談に乗ってくれたことにお礼を言うことができる	友人に感謝の気持ちを伝えるのは、よい関係を長く続けるために大切なことです。してくれたことに対して、深く感謝していることを伝えることがポイントです。	「アドバイスしてくれた（名前）に本当に感謝してるよ。」花ちゃん 「アドバイスしてくれた（名前）にすごく感謝してますよ。」桜さん
9	① 悩みを聞き出すことができる	Lesson 7①、Lesson 8①と同様に、相手がいつもと違う様子や行動をしたときに、すぐに気が付いて話題にすることは、相手に関心があることを示すことです。まして相手が元気がない様子の場合は、気遣いを表すのがよいです。さらに、その原因が推測できる場合は「もしかして〜の？」というように、自分から原因を述べながら話しかけることがポイントです。	「なんか元気ないね。もしかしてこの間の（名前）とのデートで何かあったの？」花ちゃん
	② 相手に思い留まるように言うことができる	何かしようとする相手に対して、反対の気持ちを示し、相手の行動を止めようとするのは、会話の技術が必要です。「そんなことをしたら、ちょっと〜じゃないかな」と、自分が反対する理由を柔らかい表現で示して、間接的に、止めたい気持ちを表すのがポイントです。	「そんなことしたら、男の人はちょっと引くんじゃないかな。」花ちゃん
	③ アドバイスを求められても答えず、相手に考えさせる質問をすることができる	相手の質問に対して、答えを言うのではなく、質問で返したい場合はよくあります。定型の表現をうまく使ってタイミングよく質問を返すことがポイントです。	「ていうか、（名前）はどうしたいの？」花ちゃん
10	① 好みのタイプの外見や性格について質問をすることができる	具体的な範囲を限定して質問することで相手に自分の質問の意図を理解してもらいやすくなります。また、相手も答えやすくなります。「〜だと、〜？」というような限定の表現を使うのがポイントです。	「見た目だと、どんな感じ？」花ちゃん、タロー君
	② 好みのタイプの例を挙げて質問することができる	Lesson 10①と同様に、具体的な例を挙げて質問することで、相手に自分の質問の意図を理解してもらいやすくなります。また相手も答えやすくなります。「〜とか〜とか」等、定型の表現を覚えて、様々な場合に使えるようになることがポイントです。	「セクシー系がいいとか、清楚な感じがいいとか？」花ちゃん 「ロングがいいとか、染めてないほうがいいとか？」花ちゃん 「カジュアル系がいいとか、モードな感じがいいとか？」タロー君 「短髪がいいとか、染めてないほうがいいとか？」タロー君

11	① 相手が知らないことに興味を持たせることができる	自分の提示した話題に相手があまり興味がなさそうな場合、そんな相手の気持ちはわかっているということを示すことが大切です。あえて話を続けることを表明することで、相手に興味を持たせる可能性があるからです。このフレーズを覚え、タイミングよく使えるようになることがポイントです。	「講談っていっても何っていう感じだよね？」桜さん
	② 相手に強く勧めることができる	自信を持って相手に勧めたい場合には、強い表現を使います。「絶対〜って」「間違いなく〜から」などの強い表現を使うのがポイントです。	「絶対はまるって！」桜さん 「間違いなくはまるから！」桜さん
	③ 相手の勢いに押されながらも相手の誘いに乗ることができる	強く勧めてくれる相手に対して、その気持ちを汲んで誘いに乗るのは、友人関係を長く続けるために大切です。相手の気持ちはわかった、誘ってくれてありがたいという気持ちを込めた応答が必要です。「そこまで言うなら、〜するのもいいかもね」という表現を使うのがポイントです。	「そこまで言うなら、経験として1回くらい行くのもいいかもね。」花ちゃん、タロー君

参考文献

アメリカ・カナダ大学連合日本研究センター（1987）*An introduction to advanced spoken Japanese,* 凡人社.

庵功雄・高梨信乃・中西久実子・山田敏弘（2000）『初級を教える人のための日本語文法ハンドブック』スリーエーネットワーク

庵功雄・高梨信乃・中西久実子・山田敏弘（2001）『中上級を教える人のための日本語文法ハンドブック』スリーエーネットワーク

金子史朗・黒川美紀子・深田みのり・宮下智子（2013）『マンガで学ぶ日本語会話術』アルク

神田松之丞（2015）『新世紀講談大全　神田松之丞［DVD］』クエスト

日本語教育学会編（1982）『日本語教育事典』大修館書店

牧野成一・筒井通雄（1986）*A dictionary of basic Japanese grammar*（日本語基本文法辞典），The Japan Times.

牧野成一・筒井通雄（1995）*A dictionary of intermediate Japanese grammar*（日本語文法辞典［中級編］），The Japan Times.

牧野成一・筒井通雄（2008）*A dictionary of Advanced Japanese grammar*（日本語文法辞典［上級編］），The Japan Times.

山口明穂・秋本守英編（2001）『日本語文法大辞典』明治書院

著者紹介

酒井彩（さかい・あや）＊代表執筆
九州大学留学生センター准教授。お茶の水女子大学大学院人間文化創成科学研究科比較社会文化学専攻国際日本学領域博士後期課程修了（博士（人文科学））。お茶の水女子大学を経て現職。専門は、日本語教育、異文化間教育。

髙木祐輔（たかぎ・ゆうすけ）
一橋大学大学院言語社会研究科博士後期課程。一橋大学大学院言語社会研究科修士課程修了（修士（学術））。元千駄ヶ谷日本語研究所、（株）NIC。専門は、日本語教育（初級文法シラバス）。
〔執筆箇所〕モデル会話の一部原案

川鍋智子（かわなべ・ともこ）
アカデミー・オブ・ランゲージ・アーツ（日本語教育機関）教務主任。早稲田大学第一文学部・法学部卒業。元成城大学（日本語コミュニケーション講座）。専門は、日本語コミュニケーション。
〔執筆箇所〕表現ノート

斉藤信浩（さいとう・のぶひろ）
九州大学留学生センター准教授。名古屋大学大学院国際言語文化研究科日本言語文化専攻博士課程修了（博士（文学））。名古屋学院大学を経て現職。専門は、言語習得（日本語および韓国語）。
〔執筆箇所〕表現ノート Lesson 1～6、コラム Lesson 2、3、6、10、11

キャラで学ぶ友だち日本語

2019年9月14日　第1刷 発行

［著者］酒井彩・髙木祐輔・川鍋智子・斉藤信浩
［発行人］岡野秀夫
［発行所］株式会社 くろしお出版
〒102-0084　東京都千代田区二番町4-3
Tel：03-6261-2867　Fax：03-6261-2879
URL：http://www.9640.jp　Mail：kurosio@9640.jp
［印刷］株式会社 三秀舎

○ 英語翻訳　Stephanie Tunçay
○ 中国語翻訳　嚴馥
○ 本文デザイン　松好那名
○ イラスト・装丁デザイン　鈴木祐里
○ 音声収録　VOICE-PRO

Ⓒ 2019 Aya SAKAI, Yusuke TAKAGI, Tomoko KAWANABE, Nobuhiro SAITO
Printed in Japan　ISBN 978-4-87424-808-9 C0081
乱丁・落丁はお取り替えいたします。本書の無断転載・複製を禁じます。